超级大脑

优秀学生超爱玩的益智游戏大全

主编 张祥斌
编委 刘海燕 陈学慧 赵赟 李冰凌
　　　王忠波 展超 郝志丹 孟祥龙
　　　刘波 何利轩 郭春焱 修德武

哈尔滨工业大学出版社
HARBIN INSTITUTE OF TECHNOLOGY PRESS

图书在版编目(CIP)数据

超级大脑.优秀学生超爱玩的益智游戏大全 / 张祥斌主编. —哈尔滨：哈尔滨工业大学出版社, 2017.1
　　ISBN 978-7-5603-5939-7

　　Ⅰ.①超… Ⅱ.①张… Ⅲ.①智力游戏–少儿读物 Ⅳ.①G898.2

中国版本图书馆CIP数据核字(2016)第071699号

策划编辑　常　雨
责任编辑　何波玲
装帧设计　恒润设计
出版发行　哈尔滨工业大学出版社
社　　址　哈尔滨市南岗区复华四道街10号　邮编150006
传　　真　0451-86414749
网　　址　http://hitpress.hit.edu.cn
印　　刷　哈尔滨石桥印务有限公司
开　　本　787mm×1092mm　1/16　印张 12.75　字数 285千字
版　　次　2017年1月第1版　2017年1月第1次印刷
书　　号　ISBN 978-7-5603-5939-7
定　　价　28.00元

(如因印装质量问题影响阅读，我社负责调换)

前　言

　　随着信息化时代的到来，在日新月异的环境中，全球的人才争夺战也更加地激烈。人才更多地表现在一个人的思维观念上能够突破常规，能够勇于创新。哈佛大学第21任校长艾略特就曾说过："人类的希望取决于那些知识先驱者的思维，他们所思考的事情可能超过一般人几年，超前几代人甚至几个世纪。"优秀的人之所以优秀，并不是在于他们有多聪明，而是在于他们掌握了科学的思维方法。

　　本书将引领你在充满乐趣的挑战过程中迈向创意思考的天才之路。古人云："击石不已，火光始现；工夫不断，悟头始出。"益智游戏不仅是一种游戏活动，更是一个启迪创意智商、开发思维创新能力的活动，它的最大价值在于通过这些生动有趣的游戏，发掘你的创新感觉，培养创新意识，锻炼创新能力。本书以训练综合思维能力为出发点，从多种思维视点的角度对各类思维游戏进行精心的选择和设计，每个游戏都极具代表性和独创性，内容丰富，难易有度，形式活泼，它们都会对固有思维方式发起冲击与挑战。在游戏的过程中，需要大胆的设想、判断与推测，多角度审视问题。这种激荡联想、触发创意的思考模式，将彻底让思维高速运转起来，带来冲破思维局限后的喜悦，更重要的是在游戏中，会得到更多解决问题的视角和方法，让你在学习与生活中有更出色的表现。

　　翻开此书，一段非凡的智慧之旅由此而开启，一场前所未有的思维革命由此而经历！当你为其中某些精彩的游戏而陶醉时，你会惊奇地发现：原来思维的空间竟然如此广阔，大脑的潜能如此惊人！你会明白，思维游戏是一种为了让普通人也能具有天才般的思考方式的思维工具。相信通过思维游戏的训练，我们会教育出更多全能的大脑，让学习的人都聪明起来！

编者
2016年4月

目录 CONTENTS

第1章 形象思维 ▶▶▶ 1

1 画一画 / 3
2 奥运五环一笔连 / 4
3 哈密尔顿周游世界的游戏 / 4
4 二等分图形 / 5
5 三等分图形 / 5
6 四等分图形 / 6
7 五等分图形 / 6
8 六等分图形 / 7
9 七等分图形 / 7
10 八等分图形 / 7
11 拼出正方形 / 8
12 切割十字架 / 8
13 火柴图形三等分 / 9
14 分圆的方法 / 9
15 分割三角形 / 9
16 四橡镇兄弟分家 / 10
17 图形组合 / 10
18 剩下哪一块 / 11
19 组装船 / 11
20 转圈圈 / 11
21 七巧板 / 12
22 七巧板拼图 / 13
23 考眼力 / 13
24 俄罗斯方块 / 14
25 涂色游戏 / 14
26 涂色比赛 / 15
27 趣味看图 / 15
28 瓢虫问题 / 16
29 找小船 / 16
30 马蹄铁问题 / 17
31 花瓶与地砖 / 17
32 木块堆 / 18
33 镜子迷宫 / 18
34 人脸与花瓶 / 19
35 破碎的火箭 / 19
36 Mary在公园里看见了什么 / 20
37 隐藏的单词 / 20
38 分割单词 / 20
39 衣架 / 21
40 最长的单词 / 21
41 考眼力 / 21
42 英语单词滚瓜烂熟 / 22
43 迷路了 / 22
44 找出三个数字 / 23
45 问题是什么 / 23
46 这里藏着谁 / 24

第2章 抽象思维 ▶▶ 25

1 数字卡片 / 27
2 有规律的排列数字 / 27
3 拐弯箭头 / 27
4 图形匹配 / 28
5 余下的一个是谁 / 28
6 缺少一块的轮子 / 28

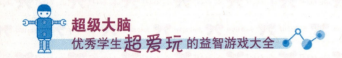

7　黑白三角 / 29
8　鱼的序列 / 29
9　人物图案 / 30
10　对应图案 / 30
11　对应关系 / 31
12　花墙纸 / 31
13　哪一个与众不同 / 32
14　找出不一样的图形 / 32
15　巧选图形 / 32
16　点线组合 / 33
17　图形规律（一）/ 33
18　被分割的正方形 / 34
19　图形规律（二）/ 34
20　图形规律（三）/ 35
21　图形规律（四）/ 35
22　在空白处填上合适的图形 / 35
23　图形规律（五）/ 36
24　找规则填数字 / 36
25　动物等式 / 37
26　单词的规则 / 37
27　看规律找单词 / 38

第3章　想象思维 ▶▶ 39

1　变形木料 / 41
2　时间刻度 / 41
3　与气温成反比的东西 / 41
4　司马光的"警枕" / 41
5　变胖的佛像 / 42
6　观音 / 42
7　复写名字 / 42
8　笔直的烟 / 42
9　最省事的旅行 / 43
10　垃圾桶 / 43
11　魔术的奥妙 / 43
12　仆人做工 / 44
13　冰块与西瓜 / 44
14　寻找出发点 / 44
15　北极探险 / 44
16　南极冰块的味道 / 44
17　从西边升起的太阳 / 45
18　两腿三脚 / 45
19　野营用具 / 45
20　不喜欢四方形的老爷爷 / 46
21　一笔画正反 / 46
22　钩在一起的回形针 / 46
23　关于恋人的要求 / 46
24　井中捞簪 / 47
25　分月牙 / 47
26　金字塔的表面图案 / 47
27　折叠纸盒 / 48
28　相对的一面 / 48
29　不重叠的三角形 / 49
30　转几圈 / 49
31　隐藏的图形 / 49
32　三个直角的三角形 / 50
33　会弯曲的平行线 / 50
34　困难的刺绣图案 / 50
35　被盗的英国纯种马 / 51
36　蝴蝶挂毯 / 52
37　齿轮组合 / 52
38　牛棚前的木桩 / 53
39　第三种线 / 53
40　步步高 / 54
41　争先恐后 / 54
42　远近高低各不同 / 55
43　木匠师傅的绝招 / 55
44　折叠问题巧解决 / 56
45　黑球落在何处 / 56
46　转轮和杠杆 / 57
47　齿轮传动 / 57
48　盲人约特的遗书 / 58
49　小偷是怎样把纸币带回家的 / 58
50　凶手是用什么东西盛放毒液的 / 59
51　不翼而飞的1 000万元赎金 / 59

第4章 判断思维 ▶▶ 61

1 浮冰 / 63
2 北极"英雄" / 63
3 沙漠转向 / 63
4 谁是冠军 / 63
5 环球旅行 / 64
6 真假文物 / 64
7 只能过一人的独木桥 / 64
8 石子的提示 / 64
9 种玉米 / 64
10 启动和停止的汽车 / 65
11 哪个影子大 / 65
12 降落何处 / 65
13 谁会赢 / 66
14 运西瓜的船 / 66
15 木船遇雨 / 66
16 你能在纸杯子上烧一个洞吗 / 66
17 把冰水烧热 / 66
18 镜子·影像 / 67
19 杂技演员过桥 / 67
20 分辨金球和铅球 / 67
21 变大还是变小 / 67
22 混凝蜡 / 67
23 滚动比赛 / 68
24 举重冠军 / 68
25 水壶盖上的小洞 / 68
26 用热水瓶做实验 / 68
27 谁比较省力 / 69
28 不飘动的旗子 / 69
29 田径教练被害的时间 / 69
30 老金斯的老邻居 / 70
31 老人的遗书是伪造的 / 70
32 是谁救了他 / 70
33 究竟谁在说谎 / 71
34 刑警的判断 / 71
35 为什么地毯上只有一点儿灰尘 / 72
36 准确的作案时间 / 72
37 谁是枪杀P先生的罪犯 / 73

第5章 演算思维 ▶▶ 75

1 地球和邻居们 / 77
2 加法入曲 / 77
3 减法入曲 / 77
4 乘法入曲 / 77
5 除法入曲 / 78
6 王冕取环 / 78
7 九百九十九文钱 / 78
8 百羊问题 / 79
9 百馍百僧 / 79
10 船只运盐 / 79
11 哑子买肉 / 80
12 宝塔装灯 / 80
13 寿星岁数 / 80
14 鸡兔同笼 / 80
15 大小灯球 / 81
16 鸭子回笼 / 81
17 小猴摘果 / 81
18 隔壁分银 / 81
19 对联算题 / 82
20 别离情 / 82

21 少年学艺 / 82
22 山湖园林景色秀 / 82
23 高利贷者破产的故事 / 83
24 苏步青教授解过的题 / 83
25 花间蜜蜂 / 83
26 同赴圣地 / 84
27 莲花问题 / 84
28 莲花献神 / 84
29 精灵提水 / 85
30 巧分遗产 / 85
31 留下几头 / 85
32 怎样分牛 / 85
33 选驸马 / 86
34 女神与缪斯 / 86
35 古印度的数学家为何要发笑 / 86
36 丢番图的墓志铭 / 87
37 七道门的果园 / 87
38 棋盘与谷粒 / 88
39 铜像中的水管 / 88
40 逢城纳税 / 89
41 伽利略的问题 / 89

42 四个木匠 / 89
43 有名的牛吃草的问题 / 90
44 巴斯卡答赌徒 / 90
45 文学家解数学题 / 90
46 托尔斯泰喜爱的算题 / 91
47 爱因斯坦做过的填数问题 / 91
48 充满活力的狗 / 92
49 "15点"游戏 / 92
50 为什么少了一元钱 / 93
51 回文数的策源地 / 93
52 抢一百 / 93
53 足球上的数学 / 94
54 地震九宫格 / 94
55 出生年份 / 94
56 魔鬼巧合2025 / 95
57 魔术中的数学 / 95
58 用QQ号算年龄 / 96
59 奇怪的年龄 / 96
60 出生年份末两位数+年龄=111 / 96
61 混淆不清的日子 / 96

第6章 认知思维 ▶ 97

1 奇妙的气泡运动 / 99
2 烟灰是什么 / 99
3 水为什么能灭火 / 99
4 奥运会比赛中的化学知识 / 99
5 放烟花的铁 / 100
6 让人发笑的气体 / 100
7 墙上出汗 / 100
8 月亮围着地球转 / 100
9 即兴诗 / 101
10 海市蜃楼 / 101
11 回音壁 / 101
12 令人深思的水壶 / 101
13 摔不倒的小丑 / 102
14 影子是怎么来的 / 102
15 最大的影子 / 102

16 钻木取火 / 102
17 能点燃吗 / 103
18 书为何发黄了 / 103
19 为什么衣服被挂破总是呈直角形的 / 103
20 刮风时的"嗖嗖"声 / 103
21 冬天池塘里的水 / 104
22 一泻千里 / 104
23 随波逐流 / 104
24 水往低处流 / 104
25 一滴水可见太阳 / 104
26 绳锯木断，水滴石穿 / 105
27 软也是水，硬也是水 / 105
28 坐井观天，所见甚少 / 105
29 玉不琢，不发光 / 105
30 冰寒于水 / 105

目 录

31 冰冻三尺，非一日之寒 / 106
32 雪落高山，霜降平原 / 106
33 霜前冷，雪后寒 / 106
34 霜后暖，雪后寒 / 106
35 朝霞不出门，晚霞行千里 / 106
36 月晕而风，础润而雨 / 107
37 雾里山疑失，雷鸣雨未休 / 107
38 池水映明月，潭清疑水浅 / 107
39 香炉初上日，瀑水喷成虹 / 107
40 船到江心抛锚迟，悬崖勒马早已晚 / 107
41 赤橙黄绿青蓝紫，谁持彩练当空舞 / 108
42 坐地日行八万里，巡天遥看一千河 / 108
43 诗词中的自然现象 / 108
44 地震声音 / 108
45 《闪闪红星》中的主题歌词 / 108
46 被地球偷走的煤 / 109
47 铝钉和铁钉 / 109
48 巧辨金属棒 / 109
49 盲人分衣 / 109
50 哪一只上升得快些 / 109
51 冬天的铁器与木器 / 110
52 镜子中的影像 / 110
53 防雷击 / 110
54 自行车上的物理原理 / 110
55 自行车上的学问 / 111
56 向前还是向后 / 111
57 蓄水池中的科学 / 111
58 水里的学问 / 111
59 哪边重 / 112
60 谁把瓶塞盖紧了 / 112
61 海员的玩笑 / 112
62 锉刀趣题 / 113
63 急刹车 / 113
64 汽水瓶与冰块 / 113
65 毛巾包冰棍 / 113
66 夏日冰水 / 114
67 冰与水 / 114
68 油水混合 / 114
69 哪种灯靠灯丝直接发光 / 114
70 荡秋千 / 115
71 气球能飞多高 / 115
72 谁把瓶子打破 / 115
73 小窗户开在哪里好 / 116
74 横着拴的绳子为什么拉不直 / 116
75 冰箱不能当空调 / 116
76 浮沉娃娃 / 116
77 香槟酒的泡沫 / 117
78 镜子闯祸 / 117
79 埃菲尔铁塔的谜团 / 117
80 无后坐力炮 / 117
81 能在水面上跳跃的炸弹 / 118
82 由《梁祝》想起的 / 118
83 瓶子做乐器 / 118
84 怎样用漏斗吹灭蜡烛 / 119
85 啄木鸟为什么喜欢啄木 / 119
86 鸭子为何会游泳 / 119
87 为什么鸭子不怕水而鸡怕雨淋 / 119
88 蜜蜂为什么会蜇人 / 120
89 蜻蜓为什么要点水 / 120
90 燕子为什么要低飞 / 120
91 鸡为什么要吃沙子 / 121
92 为什么狗在夏天喜欢伸舌头 / 121
93 骆驼背上的"驼峰" / 121
94 林肯的推理 / 122
95 差别最大 / 122
96 特殊的字母 / 122
97 字母推理 / 123
98 字母的规律 / 123
99 特工中心 / 123
100 英文算术 / 123
101 "张冠"别"李戴" / 124
102 认识水果 / 124
103 Ken的神秘礼物 / 125
104 卡特的谎言 / 125
105 小李和女友的死因 / 126
106 假主人和一只狗 / 126
107 罪犯就是清水 / 127
108 遗书上的破绽 / 128
109 去过芝加哥的证据 / 128

第7章 实践思维 ▶ 129

1 自制"气枪" / 131
2 山脉是怎么来的 / 131
3 自造星光 / 131
4 拥有美丽光环的行星 / 132
5 自测天气表 / 132
6 你会制打雷声吗 / 132
7 模拟雨的形成 / 133
8 酸雨的由来 / 133
9 霜是怎么形成的 / 134
10 桌子上的地震 / 134
11 地球的"伤疤" / 134
12 潮汐是怎样产生的 / 135
13 用冰取火 / 135
14 你会造云吗 / 135
15 猪八戒照镜子——里外不是人 / 136
16 立竿见影 / 136
17 一个巴掌拍不响 / 136
18 一石击破水中天 / 136
19 水中捞月一场空 / 136
20 长啸一声山鸣谷应 / 137
21 火场之旁,必有风生 / 137
22 船到桥头自然直 / 137
23 水的波纹为什么是圆形的 / 137
24 寻找鹅卵石 / 137
25 滴水不减 / 138
26 化冰水 / 138
27 结冰的湿衣服 / 138
28 开水能化冻柿子吗 / 138
29 购买什么 / 139
30 简易计量法 / 139
31 取表 / 139
32 涨潮 / 139
33 两个水壶 / 140
34 水有多少 / 140
35 装插座 / 140
36 巧分混合物 / 140
37 区分开关 / 141
38 苍蝇拍上的学问 / 141
39 圆形盖子的妙处 / 141
40 计算容积 / 141
41 智制双环套 / 142
42 哪一块水泥砖硬 / 142
43 为什么胶合板的层数都是单数 / 142
44 间谍的使命 / 142
45 马戏演员的"特技" / 143
46 分开 / 143
47 汽水上方燃烧着的火柴 / 144

答案 ▶▶▶ 145

第 1 章

形象思维

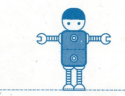

形象思维是用直观形象和表象解决问题的思维，其特点是具体形象性，属于感性认识阶段。形象思维是在对形象信息传递的客观形象体系进行感受、储存的基础上，结合主观的观察和认识进行识别，并用一定的形式、手段和工具创造和描述形象来解决问题的一种基本的思维形式。

训练形象思维能力的最基本手段是培养出敏锐的观察力。大凡智力商数高的人，其观察力都是不一般的高。科学家从平常的现象中可以悟出非同一般的规律，艺术家可以抓住一刹那间的事物特征而构思出美好动人的艺术形象，超人的观察力经常能给人们带来意想不到的收获。

1 画一画

下面这些图形（图1）你能一笔画出来吗？（不重复画）

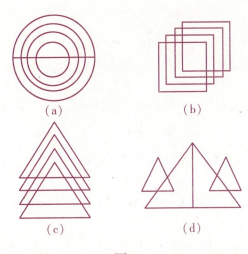

图1

提示：一笔画需要解决两个关键问题。一个是这幅图能不能一笔画？另一个是，若能一笔画，应该怎样画？对于这两个问题，数学家欧拉在1736年研究了"哥尼斯堡七桥"的问题后，做了相当出色的回答。他指出，如果一幅图由点和线连接组成，那么与奇数条线相连的点叫"奇点"；与偶数条线相连的点叫"偶点"。例如，在图2中，点B为奇点，点A和C为偶点。

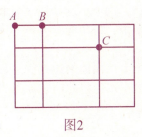

图2

如果一幅图的奇点的个数是0或是2，这幅图可以一笔画，否则不能一笔画。这是对第一个问题的回答。欧拉又告诉我们，如果一幅图中的点全是偶点，那么可以从任意一个点开始画，最后还回到这一点；如果图中只有两个奇点，那么必须从一个奇点开始画，并结束于另一个奇点。

2 奥运五环一笔连

北京在2008年成功地举办了奥运会。仔细观察奥运五环,你能否把它不间断地一笔不重复地画下来(交点处除外)?

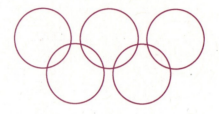

3 哈密尔顿周游世界的游戏

威廉·哈密尔顿爵士(Sir William Hamilton,1805—1865)出生于爱尔兰的都柏林,3岁识字;儿童时代便已通晓8种语言;12岁就已经读完拉丁文的《几何原本》;16岁竟著文订正大数学家拉普拉斯证明中的某点错误;22岁便当上了大学教授。在数学史上,哈密尔顿曾以发明"四元数"而青史留名!

公元1856年,哈密尔顿发明了一种极为有趣的"周游世界"的游戏,这一游戏当时曾经风靡一时。

哈密尔顿发明了一个小玩具,这个小玩具是一个木刻的正十二面体,每面是正五角形,三面交于一角,共有20个角,每角标有世界上一个重要城市。正十二面体的平面示意图如图所示。

他提出一个问题:要求沿正十二面体的边寻找一条路通过20个城市,而每个城市只通过一次,最后返回原地。哈密尔顿将此问题称为"周游世界"问题,并且做了肯定的回答。大家都来思考一下吧!

正十二面体的平面示意图

4 二等分图形

将以下图形分为大小和形状均相同的两等份。

（1）

（2）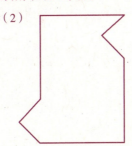

（3）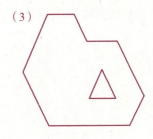

5 三等分图形

（1）将以下图形分为大小和形状均相同的三等份，且每份有一棵树。

（2）将以下图形分为大小和形状均相同的三等份。

 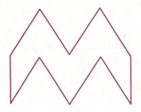

（3）将以下图形分为大小和形状均相同的三等份。

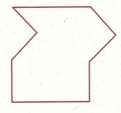

（4）将以下图形分为大小和形状均相同的三等份。

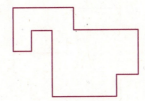

6 四等分图形

（1）将以下图形分为大小和形状均相同的四等份，且每份都有一棵树。

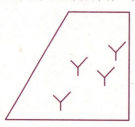

（2）将以下图形分为大小和形状均相同的四等份。

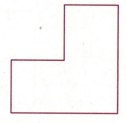

（3）将以下图形分为大小和形状均相同的四等份。

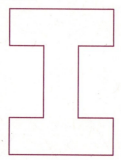

（4）将以下图形分为大小和形状均相同的四等份。

（5）将以下图形分为大小和形状均相同的四等份。

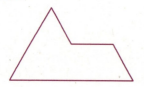

7 五等分图形

将以下图形分为大小和形状均相同的五等份。

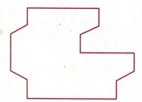

8 六等分图形

将以下图形分为大小和形状均相同的六等份。

9 七等分图形

将以下图形分为大小和形状均相同的七等份。

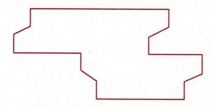

10 八等分图形

用三种以上的方法，将以下图形分为大小和形状均相同的八等份。

11 拼出正方形

（1）将下图的六边形剪两刀，然后可以拼成一个正方形。该怎样剪、怎样拼？

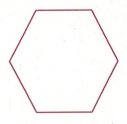

（2）将此图形分割后，再拼成正方形。

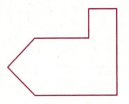

（3）下图是一个奇形怪状的"十字形"。你能否把它分为四部分，再拼成一个规则的正方形？

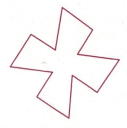

（4）将下图割成四块，然后拼出一个正方形。

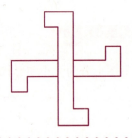

12 切割十字架

（1）将十字架图形分成四块，用它们拼成一个正方形；
（2）将十字架图形分成三块，用它们拼成一个菱形；
（3）将十字架图形分成三块，用它们拼成一个矩形，要求其长是宽的两倍。

13 火柴图形三等分

下图是一个用相同长短的十根火柴棒组成的图形，如何用五根同样的火柴棒将其分割成三等份？

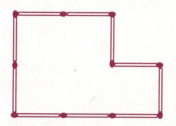

14 分圆的方法

五个圆直径相等，经过点A画一条直线，将五个圆分成相等的两部分。

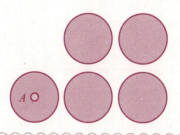

15 分割三角形

把长方形分成几部分，使每部分的面积、形状和所包括三角形的数量相等。如果三个条件都满足，最少可以把长方形分成几部分？

16 四橡镇兄弟分家

每个国家都有数字地名,美国的建国历史很短,但数字地名不少,四橡镇就是其中之一。据说四橡镇的得名与一位早期移民有关,此人拥有一大块土地,临终之前,他立下遗嘱,规定要按照四株老橡树的位置分划土地,平分给他的四个儿子,每个儿子所分到的土地当中必须有一棵老橡树,不准将树移植,只能维持现状。若有一棵树死亡,那就将这块土地充公。

老人家去世后,四棵橡树的实际位置给儿子们造成了无法克服的困难。他们无计可施,只好诉诸法律。四个兄弟几乎耗尽了自己所有的财产,问题仍然得不到解决。最终,他们只好把土地卖掉,官司便自动取消了。

美国趣味数学大师山姆先生把这个故事改编成一个智力趣题。设想,这块地是一个8×8的正方形,四棵橡树排列在对边中点连线的左侧,间距相等,各占一格。要求把这块地分成四块面积相等,最好形状也能相似,并且每块中各有一棵橡树的图形。

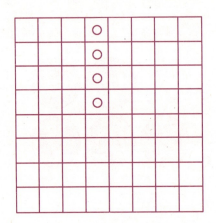

17 图形组合

下图中的正方形边长和等腰直角三角形的两条直角边是等长的。如何利用这些图形,拼成一个三角形?

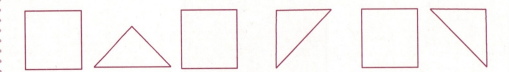

18 剩下哪一块

将以下八个三角形拼成一个正方形要剩下一块，猜猜看是哪一块？

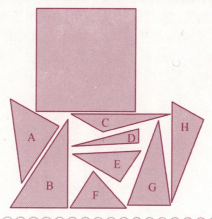

19 组装船

将图1的图形组合起来，可以成为图2所示的船。但图1中1～13中有一块是多余的，请你找出是哪一块？

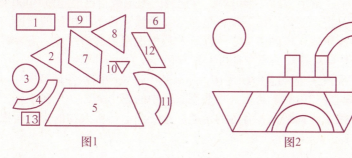

图1　　　　　　　图2

20 转圈圈

两个圆环，半径分别是1和2，小圆在大圆内部绕大圆的圆周一圈，问小圆自身转了几圈？如果在大圆外部，小圆自身转了几圈？

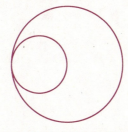

21 七巧板

　　七巧板是我国民间流传的一种拼图游戏，起源于宋代，后来传到欧、美、日本等许多国家，又叫作"七巧图""智慧板""流行的中国拼板游戏""中国解谜"等。

　　找一张硬纸片，按照图1的尺寸比例画在硬纸上，然后沿着画的线剪开，得到七块小板，就做成一副七巧板了。图的尺寸比例很容易掌握，只要先画一个正方形边框，然后反复取中点、连接线段，就能画出整个图来。

图1

　　用一副七巧板可以拼出许许多多各种各样的图形，包括人物、动物、植物、生活用品、建筑、汉字、数字和西文字母等，有记载的图形数目已经超过1 000个。通常是在拼成图形以后，把外围轮廓描下来，里面全部涂黑，看不出拼接的痕迹，让别人去重新尝试用七巧板拼成这样的图形。所以玩七巧板也像猜谜语一样，需要善于分析，头脑灵活，是一种益智游戏。现在有两个关于七巧板的计算问题。

　　（1）如果一副七巧板的总面积是16，那么其中每块的面积各是多少？

　　（2）仔细观察图2中的七巧板人物造型。图中的三个人，一个在踢球，一个在溜冰，还有一个在跳藏族舞蹈，各有各的乐趣。这三个七巧板人物的头部面积与全身面积的比各是多少？

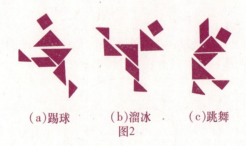

(a)踢球　　(b)溜冰　　(c)跳舞

图2

22 七巧板拼图

准备一张大小为8 cm×8 cm的硬纸板。如图1所示将纸剪成七块，再将各块组合出图2所示的形状，注意必须七块都要用。图2中的各个图形只是几百种可能图形中的几个。

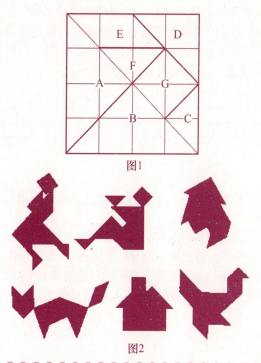

图1

图2

23 考眼力

在A、B、C三幅图中有两幅图可以组成与"样图"一样的图案，你能迅速找出是哪两幅吗？

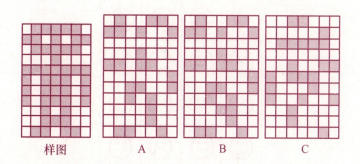

样图　　A　　B　　C

24 俄罗斯方块

"俄罗斯方块"是一种关于拼图的智力游戏，玩过掌上游戏机或小霸王游戏机的人，大多玩过俄罗斯方块。

玩这种游戏时，从长方形屏幕的顶部，每过一小段时间就自动抛下来一个积木块，形状是如图1所示七种中的任意一种，可能事先旋转了90°、180°或270°。玩的人通过按键，在积木块往下掉的过程中将它旋转或左右移动，使得落在屏幕底部的积木块尽可能整整齐齐地排满一行或几行，不留空隙。每当一行排满或几行同时排满，这些行就会自动从屏幕上消失，同时得分也就增加了。

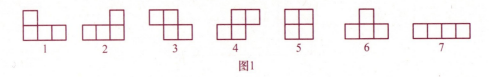

图1

以大众化游戏为背景的竞赛题自然也很有趣。下面是两道以俄罗斯方块为背景的小学数学竞赛题。

（1）用方格纸剪成面积是4的图形，其形状只能有图1所示的七种。如果只用其中的一种图形拼成面积是16的正方形，那么可用的图形共有多少种？

（2）用方格纸剪成面积是4的图形，其形状只能有图1所示的七种。如果用其中的四种拼成一个面积是16的正方形，那么这四种图形编号之和的最小值是多少？

25 涂色游戏

格内有三种表情图共15个。请用涂红和绿两种颜色的方法，将图形分成形状相同的五份，每份上要有三种不同的表情图。

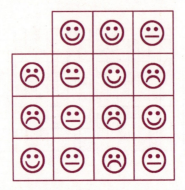

26 涂色比赛

小明和小强两人玩涂色比赛。游戏的规则是：已经涂过的地方及它相邻的地方都不能再涂。例如，小明涂a，小强涂e，那么，小明就没有可涂的地方了，小明就输了。

如果小明先涂并想取胜，应该先涂哪一块？

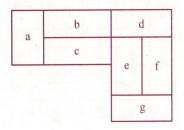

27 趣味看图

请你在夜空的繁星之中，找出A~E五个图案。

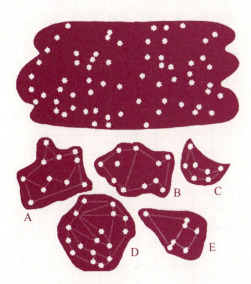

28 瓢虫问题

这是一个比较著名的排列问题。21只瓢虫要分配一个7×7的花床，每行只能有三只瓢虫，而且相邻两行中最多只有一对瓢虫同列，你能为它们找到一个分配方案吗？可以把这个问题作为一个两人游戏，两人轮流把瓢虫放入花床，放进最后一个的获胜。

29 找小船

小船有小有大。最小的船仅1格，用"○"代表；占2格的船，用"△△"代表；占3格的船，用"△□△"代表；占4格的船，用"△□□△"代表。游戏中的小船也可由更多格组成。

游戏规则：
（1）提示图形都要用。
（2）小船周围没其他小船。
（3）每行每列格子旁边的提示数字代表整排或整列中的图形数量。

提示图形：△□□△
　　　　　△□△　△□△　△□△
　　　　　△△　△△　△△　○○○○

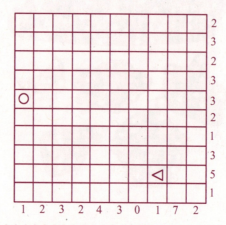

30 马蹄铁问题

这个趣题出自一个叫"进马掌"的童话故事,这个故事说的是怎样用两刀把一个金制的马蹄铁切成七块,使得每块都只有一个钉孔,然后用丝带把这七块马蹄铁作为吉祥物挂在七个孩子的脖子上。

假定第一刀以后,切开的马蹄铁可以叠起来切第二刀,但是必须沿直线切,而且如果用马蹄铁形状的纸来代表马蹄铁的话,那这纸不能折叠或弯曲。

你按照要求解出这个趣题以后,请你再试试第二个更难的问题。用两刀最多能切成多少块?条件和上面一样,只是钉孔可以不必考虑。

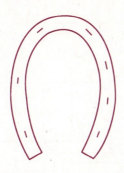

31 花瓶与地砖

下图中花瓶与地砖的面积,哪个大?

图1

图2

32 木块堆

用一些同样大小的方木块,堆成下面的形状,请你数数看,这里共有多少块木块?

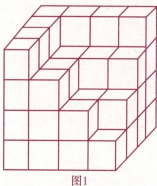

图1

图2是将图1倒过来以后的模样。如果将这一正一反两幅图形对照细看,一定也会发现这件很奇妙的事!你发现了吗?

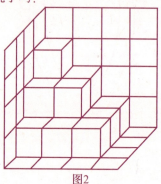

图2

33 镜子迷宫

如图所示,镜子迷宫里的线条都是折射镜。通过仔细的观察,你可以发现通过哪个缺口能指引一束激光穿过这个镜子迷宫吗?

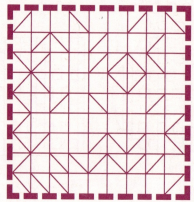

34 人脸与花瓶

请从下面6个图片中，挑选出4个能拼成著名视觉图像"人脸与花瓶"。

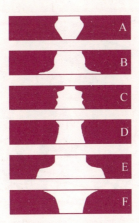

35 破碎的火箭

请将下图拼成一个火箭，并找出你要的答案。

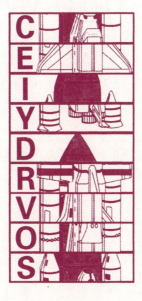

36 Mary在公园里看见了什么

让左边的英文字母跟着方格里的线路走,然后在右边的圆圈内填上这个英文字母,将右边的字母串起来你就会找到答案。

你也来试试吧!

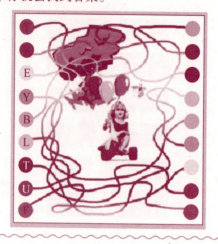

37 隐藏的单词

这幅图片看起来是由线条和方框随意组成的形状,但如果你仔细观察,发挥想象,你就会发现一个四个字母长的单词,这是什么单词呢?

38 分割单词

请在图中划定适当的边界,使五个相互关联的单词被边界分割开。

39 衣架

衣架上的字母怎样才可以组成一个不短于六个字母的单词？

ATAMOTUA

40 最长的单词

在下面的圆圈中，你可以找到的最长的单词是什么呢？

ORANANDRIODESERTSAROMATICKETSCISSORAN

41 考眼力

下面的字母中隐藏着十个月份，请你在三分钟内找到它们（提示：可以横、竖、斜、反着连线）。

```
F S J U L Y E S E U M C
R C H I R S Z B Y A M B
F S N S K R C M A R C H
E E B C S L P Y Y I E J
B P N Z K I L J B N A R
R T B E D R R Y U N L E
U E U K R P R J U N L E
A M B L F A A A B L S O
R B I K V G R B K Q L T
Y E O O F Y T I W Y N C
G R K T S U G U A X A O
```

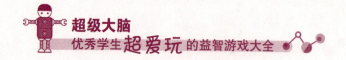

42 英语单词滚瓜烂熟

请在下列字母表中，描出下列词语的英文解释（仅限行与列，不许斜描）。

```
N A E L C A A C B G R S Q
B D R E S P E C T W Y P S
Z Q S R B E A U T I F U L
M N A M E R I C A O P B O
U V X S A T B I G H D L O
J I K L C O P T O W N I H
T R A S H Q R Y T U A C C
X Y W Z E R E T T I L A S
P A R K S A E J E N N F C
Z A C O M M U N I T Y E X
```

学校、城镇、废物、美国、海滩、停车场、清洁的、尊敬、城市、公众、社会、陆地、垃圾、美丽的。

43 迷路了

这可以说是世界上最简单的迷宫了。在这个迷宫中，只有一条路可以到达终点。但是在通过迷宫的过程中需要遵守一些特殊的规则。

每次只能向前或向后移动四步或七步，必须保证曾在这个字母上停留过。

你知道正确的路线吗？

44 找出三个数字

在下面的字母表中,数字5、10、15各出现了一次,你能将它们找出来吗?

```
T E F I V T Y E N E
N E I F I T N E N T
E N F T F I E I Y I
X E E I N E N T E F
F E Y E E F I N I E
I T E T F N I N E N
N Y E N I L E T I N
E T Y N I F T F T I
```

45 问题是什么

现在我的心情非常好,于是大方地告诉你本题的答案是7。那么,你的任务就是找出本题的问题是什么。作为提示,我们给出了一个迷宫。每次只能向前走一个方格,方向任意。起点和终点已经标明,你所走的路线连缀起来就是本题的题干。

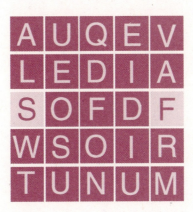

46 这里藏着谁

在图1中，藏着一位非常熟悉的朋友。你能把他找出来吗？

图1

第 2 章

抽象思维

　　抽象思维是人们在认识活动中对客观现实进行间接的、概括的反映的过程。抽象思维凭借"科学的抽象"对事物的本质和客观世界发展的深远过程进行反映，使人们通过认识活动获得远远超出靠感觉器官直接感知的知识。科学的、合乎逻辑的抽象思维是在认真观察、思考的基础上形成的。

　　形象思维能力是抽象思维能力培养和发展的基础，而敏锐的观察力则是这两种思维能力形成的基石。善于平中见奇，就能在"蛛丝马迹"中找到解决问题的突破口。

第2章 抽象思维

1 数字卡片

用下面写有数字的四张卡片排成四位数。请问,其中最小的数与最大的数的和是多少?

1　9　9　5

2 有规律的排列数字

1
1 1
2 1
1 2 1 1
1 1 1 2 2 1
3 1 2 2 1 1
1 3 1 1 2 2 2 1

请问下一列是什么?
问4第一次出现会在第几行?
找出相邻两行之间的逻辑关系并不困难,你能找出来吗?

3 拐弯箭头

下列有九个"拐弯箭头",其中有一个箭头与众不同。请你仔细观察,然后将这个与众不同的箭头找出来。

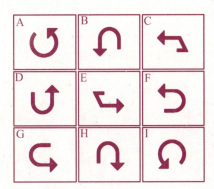

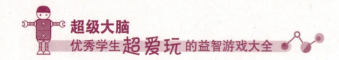

4 图形匹配

根据图1、2这两幅图案间的关系，找出A、B、C、D、E中适合图3的一幅。

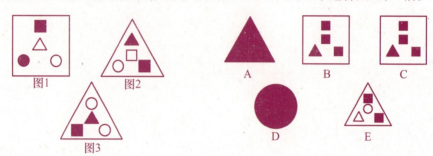

5 余下的一个是谁

下列五个图形中，有四个图形两两对应，那么，余下的一个图形是哪一个？

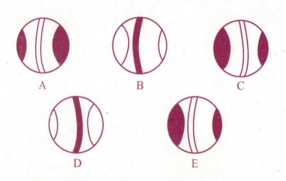

6 缺少一块的轮子

下列图中有三个轮子，请仔细寻找其中的规律，然后说出最后一个轮子中缺少的一块图形应该是什么样的？

7 黑白三角

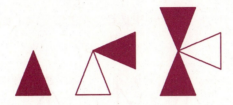

请仔细观察上面这些图形,寻找其中的变化规律。然后说明其变化规律,并在下面的五个图形中找出符合变化规律的图形。

A B C D E

8 鱼的序列

图中"?"处应填上一条什么样的鱼,才能使图形序列按某种规律排列?

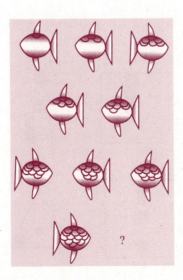

9 人物图案

如图所示,请从G、H、I三个选项中选择一项能够延续上面序列的人物图案。

10 对应图案

已知A图与B图对应,那么C图应与D~H中哪一个选项对应?为什么?

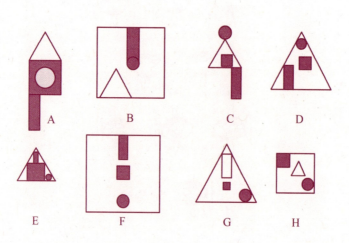

11 对应关系

已知图A与图B对应，那么图C应与图D~H中哪一个对应？为什么？

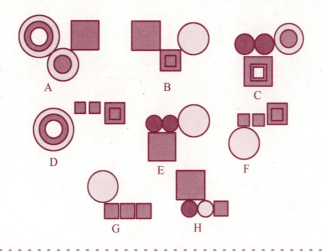

12 花墙纸

六种墙纸的样品如图所示，分别被标记为A、B、C、D、E、F，它们可以按照某种规律进行重新排序。

请问这些墙纸可以按怎样的规律进行排列呢？

13 哪一个与众不同

下面四个图形中,哪一个与众不同?

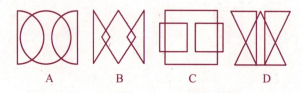

14 找出不一样的图形

下面哪个图形和其他几个不一样,你能找出来吗?

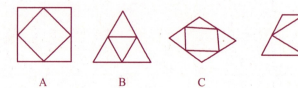

15 巧选图形

请仔细观察下面第一排的图形变化,找出其中的规律,请问按此规律变化产生的图形序列的下一个是图形A、B、C、D、E中的哪一个?

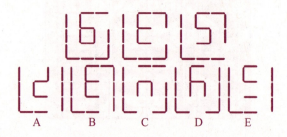

16 点线组合

下图中的图1至图4是按照一定规律排列起来的，从A、B、C、D、E中挑出一幅，使它能符合这一规律。

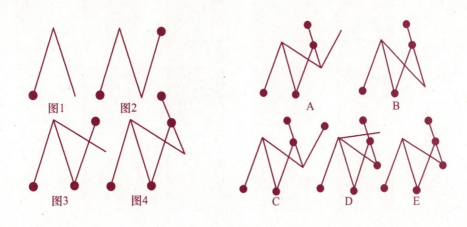

17 图形规律（一）

请观察图形间的规律，在"？"处的图形应是A~E图中的哪一幅？

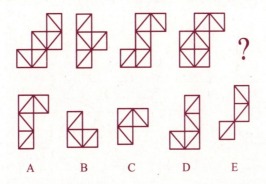

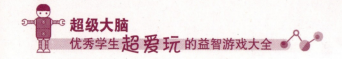

18 被分割的正方形

下列被分割的正方形中，哪一个与其他选项不同？为什么？

19 图形规律（二）

根据图形变换规律，选出问号处的图形。

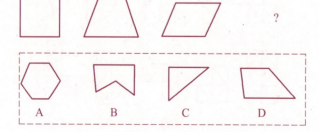

20 图形规律（三）

根据图形变换规律，选出问号处的图形。

21 图形规律（四）

根据图形变换规律，选出问号处的图形。

22 在空白处填上合适的图形

仔细观察，寻找规律，在空白处填上合适的图形。

23 图形规律（五）

从所给的四个图形中，选择一个适当的图形放在"？"处。

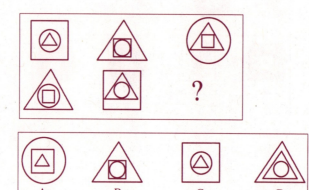

24 找规则填数字

如图所示，最后的三个箭头之间的空白处应该填什么数字呢？

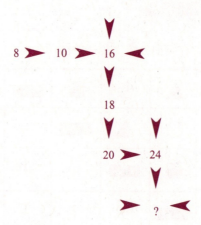

25 动物等式

在如图所示的这个有趣的等式里，四种动物分别代表0~9这10个自然数中的一个，不同的动物代表不同的数，相同的动物代表相同的数。请你根据这个等式，确定这四种动物各代表什么数吧。要求有解题过程。

26 单词的规则

下列这些单词是按照一种合乎逻辑的顺序排列的：

SPHINX
LISTEN
TALION

那么，接下来的应该是下列单词中的哪一个呢？

AUREOLE
SPROUT
IODINE
PROTON

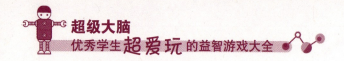

27 看规律找单词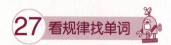

下列这些单词从某种逻辑的角度看属于同一类型
BASSOON
ADDRESS
CORRALLED
SUCCESSIVE
FOOTHILL

下列单词中的哪一个也属于这一类型呢?
NEEDLESS
PERIPHERAL
MULTISYLLABIC
WALL

第 3 章

想象思维

想象思维是人体大脑通过形象化的概括作用,对脑内已有的记忆表象进行加工、改造或重组的思维活动。想象思维可以说是形象思维的具体化,是人脑借助表象进行加工操作的最主要形式,是人类进行创新及其活动的重要的思维形式。

想象思维有再造想象思维和创造想象思维之分。再造想象思维是指主体在经验记忆的基础上,在头脑中再现客观事物的表象;创造想象思维则不仅再现现成事物,而且创造出全新的形象。文学创作中的艺术想象属于创造性想象,是形象思维的主要形式,存在于整个过程之中,即作家根据一定的指导思想,调动自己积累的生活经验,进行创造性的加工,进而形成新的完整的艺术形象。

虽然不是每个人都立志当作家,但是想象思维在我们的生活、学习、工作中都发挥着重要的作用。可以说,正是因为有了想象思维,人类才能翱翔蓝天、登上月球,乃至探索整个宇宙。

1 变形木料

一个人有一些木料。星期一，这些木料的形状是立方体；星期二，这个人把这些木料的形状弄成了圆柱体；星期三，他又把这些木料弄成了锥形体。

虽然木料的形状变来变去，但这个人并没有对木料进行切割或雕琢。

那么，他是怎么做的呢？

2 时间刻度

当钟表上的指针指到3点和9点的时候，形成直角（90度）。而长针和短针呈相反方向，形成一条直线（180度），并且短针正好指向分的刻度的情况，一天只有两次。

你知道分别是几点几分吗？

3 与气温成反比的东西

在我们身边，因为四季变化，有的东西随着气温的下降而增多，随着气温的升高而减少，而且，以非常严密的数值与温度相对应。这到底是什么东西呢？

4 司马光的"警枕"

司马光从小读书就很刻苦、勤奋，他觉得自己记忆力不行，背课文记生字总是没有别人快，就暗自说："我要下苦功，增强记忆力！"于是他试着对课文多念多背，别人背两遍三遍，而他要背上五遍六遍。

这样一来的话，时间就不够用了。放学后，也得挤出时间来读书。特别是晚上，玩耍一阵后，他便读起书来，这一读就得读到很晚。但是到第二天，他还要早早地起床进行晨读。由于晚上睡得迟，他常常睡过头而耽误了早晨的读书。最开始，司马光让母亲来喊醒自己，但是母亲心疼他，不想让他读书读得这么苦，就故意不叫他起床。

后来，有一天，司马光看见后院有一段圆木头，灵机一动，心里想："有办法了！"用这个办法后司马光再也不会睡过头了。后来经过19年的努力，司马光主持编撰了294卷，约300万字的历史巨著《资治通鉴》。

你知道司马光用的是什么办法吗？

5 变胖的佛像

我国东晋末年,大将刘裕篡位,灭东晋,建立宋国,史称刘宋,这是南朝(宋、齐、梁、陈)的开始。刘裕的儿子刘义符,为了向称帝的父亲表示祝贺,召集了许多能工巧匠,制造了一尊约1.7米高的铜佛像。将佛像竖立起来以后才发现,佛像的脸显得瘦了,和身躯不相称。如何使佛像的脸变得胖一些?大家想了不少办法。但在当时那样的技术条件下,想出来的办法都行不通,刘义符急得不知如何是好。一位著名的雕刻家看了以后说有办法补救,但要给他三天时间。三天过后,佛像的脸果然不再显得瘦了,变得和身躯相称了。

雕刻家是怎样使佛像的脸变得与身子相称的呢?

6 观音

有一年,竹禅和尚云游北京,被召到宫里去作画。那时宫里画家很多,各有所长。一天,一名宦官向画家们宣布:"这里有一张5尺宣纸,慈禧太后要画一幅9尺高的观世音菩萨像,谁来接旨?"画家中无一人敢应命,因为5尺纸怎能画9尺高的佛像呢?这时,竹禅想了想就说:"我来接!"说完,他磨墨展纸,一挥而就,大家一看,无不惊奇叹绝,心悦诚服。

此画传到了慈禧手中,慈禧也连连称奇,甚至表示自愿"受法出家",并让竹禅和尚担任"承保人"呢。据说后来慈禧被称为"老佛爷",就是由此开始的。

竹禅是怎样画的呢?

7 复写名字

在两张纸的中间夹上一张单面复写纸,然后,想象把这叠纸上下对折,将下半部折向后面。如果你在第一张纸的上半部分写下你的名字,那么;你的名字将会复写出几份?它们会在哪里出现(正面、反面;上部、下部;第一张、第二张)?是朝什么方向的?

你能否不用图解,而靠想象来解这道题?

8 笔直的烟

轮船以每小时10公里左右的速度航行,轮船烟囱冒出的烟是笔直上升的。
你认为这种情况可能吗?

9 最省事的旅行

一列火车正以每小时80千米的速度行驶。你在车厢里往上跳一下,假定你在空中的时间是1秒(这是一个大胆的假定,因为你必须跳1米多高,才能在空中待1秒)。1秒钟火车要向前跑20多米,当你落到车厢地板上的时候,你是在哪个位置上呢?你是离前门近些还是离后门近些呢?

你也许以为,当你跳到空中的时候,你身下的地板已向前驶去,并且超过你,使你不会落在原来起跳的地方。这样想是不对的,车厢固然是向前行驶了,但是,由于惯性作用,当你跳起来的时候,你仍然是以相同的速度向前移动,所以你始终是处在起跳点的上方,当然也就落在起跳点上。

有一个同学曾经提出过一个省事又省钱的旅行方法。他说,地球24小时自转一周,地球的半径为6 400千米,居住在赤道上的人一昼夜就要随着地球跑一个约40 000千米的大圆圈,也就是说每小时移动1 000千米,和喷气式飞机速度差不多。如果我们乘一个气球升到高空,等着地球转到我们要去的地方再落下来,这不是一种最省事的旅行吗?

这种方法可行吗?

10 垃圾桶

几年前,荷兰有个城市出现了垃圾问题。这个城市本来是很干净的,只因为不愿使用垃圾桶,使垃圾堆得到处都是。卫生局想了许多办法来维护城市的清洁。第一个办法是对乱丢垃圾的人处以罚金,自25元提高到50元。这个办法效果不好。第二个办法是增加街道巡逻员人数,勒令倒垃圾者一定要倒入垃圾桶内。这个办法效果也不理想。后来又想了很多办法,效果都不好。最后,卫生局的一个职员想了一个好办法,大家都愿意把垃圾倒进垃圾桶里去了。

这是个什么办法呢?

11 魔术的奥妙

舞台上,相隔1.5米放着2张木椅,丽莎头脚着椅仰卧着。两助手将床单盖在她身上,只露头脚在外面。魔术大师查理上台,"作法"一番,然后挥动双手,示意助手将两张椅子抽掉。顿时,奇迹出现了:丽莎小姐悬浮在空中。

查理继续"作法",手往上一抬,丽莎似被牵动而往上浮;当查理手往下压,丽莎又往下沉。台下掌声雷动,观众啧啧称奇。

你可知这魔术的奥妙之处在哪里吗?

12 仆人做工

一个人在一个大户人家里做仆人。大户人家的主人给仆人一根3尺长,宽厚均为1尺的木料,让仆人把这块木料做成木柱。仆人就把这块木料放到秤上称了一下,知道这块木料重3千克,即将做成的木柱只重2千克。于是仆人从方木上砍去1立方尺的木材,但主人认为仆人这样做不合理。

仆人该怎么向主人解释呢?

13 冰块与西瓜

夏季的某一天,在处于水平状的跷跷板上做了一个实验:跷跷板一头放了一个西瓜,另一头放了一块相同质量的冰块。假若就这样放着不动,跷跷板将会怎样倾斜?

14 寻找出发点

有一个探险者,从某个地点出发,朝南走了1 000米,接着朝东走了1 000米,再接着朝北走了1 000米,结果发现自己回到了原来的出发点。

请问,这个探险者的出发点是在什么地方?

15 北极探险

两个年轻人到冰天雪地的北极探险,被一条冰河挡住去路。他们想游过去,但冰河很宽,水很冷,可能会被冻死;他们想绕过去,可沿岸走了半天,也绕不过去。"要是有树就好了。"哥哥说,"我们有斧子、铁棍等工具,可以造一只木船。"可是这里到处是厚厚的冰雪,上哪里去找树呢?后来,还是弟弟聪明,他想了一个办法过了河,而且他们的身体没有被河水沾湿。

请问,他们是用什么办法过河的呢?

16 南极冰块的味道

用牛奶和糖做冰淇淋。把它们调和好以后,放入冰箱里冻1~2小时,结果会怎样呢?也许你满以为会是一盆松软可口的冰淇淋,可是摆在面前的是既不像冰淇淋也不像冰棍的东西,表面是白生生的冰碴,下面的牛奶还没冻好,一点也不像从街上买来的冰淇淋。尝一尝上面的冰碴,什么味道?是淡的。为什么上面的冰碴没有甜味呢?

你没去过南极,但是从这个实验中,你能想出南极冰块的味道吗?

17 从西边升起的太阳

某地有位亿万富翁。一天,他把四个儿子召集起来说:"我将把所有财产留给能让我看到太阳从西边升起的人。当然,照在镜子上和电视上播映的不算。我要用自己的肉眼看到实际的太阳。"几天以后,其中的一个儿子成功了。

那么,他是怎么做的呢?

18 两腿三脚

方茶几有四条腿,圆茶几有三条腿。古色古香放置古琴的矮茶几,有两条宽宽扁扁的腿,腿的下端为脚,有几条腿就有几只脚。

有人画了一只横躺的古怪茶几,从左边看它有两条方腿,往右边瞧它却见到三只圆脚,如图所示。

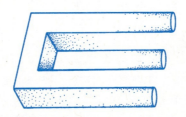

两条腿上怎么会长出三只脚呢?

19 野营用具

下图是从不同角度画出的一些野营用具。你能说出是什么用具吗?

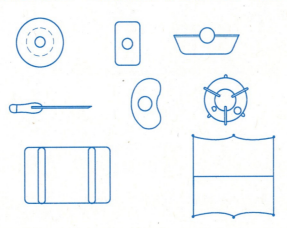

20 不喜欢四方形的老爷爷

有一个老爷爷，他最不喜欢四方形的东西，可是，不了解情况的木匠还是给他做了一个四方形的窗户。他生气地命令木匠说："重做！但是窗户的面积不能变，要保持现在这个窗户的亮度。"

你说，木匠该怎样改做这个窗户呢？

21 一笔画正反

有一条纸带，如果想一笔在其正反两面画一条线，应该怎么画？

22 钩在一起的回形针

老师拿出一张一元的纸币，还有两个回形针。然后把纸币折成三折，即"S"形，用其中的一枚回形针别住纸币上的一个双层，然后将纸币的另外两层用另一枚回形针别住。这时候老师说话了："同学们注意了，这时候抓住纸币的两端向外拉，会出现什么情况呢？"同学们都惊呆了，两枚回形针不再夹着纸币，而是跳出来钩在一起了！

你知道这是为什么吗？

23 关于恋人的要求

请君为我植林木，
试看君心可情切。
青青树林不须大，
二十五株十二行，
行行五株连一线，
否则从此不相见。

你读懂这首情诗了吗？这树该怎么种植呢？

24 井中捞簪

有一个非常聪明的孩子,叫童辉。有一天,童辉跟着妈妈去井边打水。当他妈妈弯腰去提那装满水的桶时,不留神,头上的金簪子一晃就掉到井里去了。妈妈急忙找来一根长竹竿,一头系上笊篱,伸到井里去捞。但簪子那么小,井又那么深,井里黑咕隆咚的,什么都看不见,捞了很久,也没捞上来。

妈妈急得眼泪都快流下来了,童辉赶忙安慰:"妈妈,不用急,咱们想想办法。"他歪着脑袋,想了一会儿,说:"妈妈,您看,您看,您看这太阳光多亮。咱们要是让太阳光照到井里,不就能看见簪子了吗?看见了,就好捞多了。""傻孩子,那还用说!"妈妈嗔怪道,"可谁有本事把太阳给搬过来照到井里呢?""不用搬,我有办法!"接着他说了一个办法,居然取出了金簪。

他想了什么办法呢?

25 分月牙

怎样用两条直线把一个月牙分成六个部分?

26 金字塔的表面图案

将下图纸片折起之后会变成一个金字塔,它表面的图案将是怎么样的?

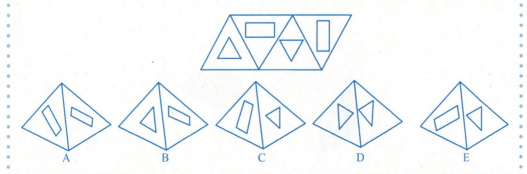

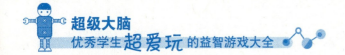

27 折叠纸盒

下面的纸盒中，只有一个可以由模版折叠而成，是哪一个纸盒呢？

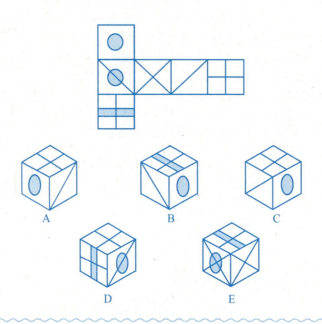

28 相对的一面

仔细观察下列四幅图，你能推算出第四个正方体中与空白面相对的一面是什么样的吗？

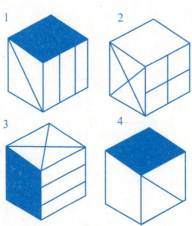

29 不重叠的三角形

用七条直线最多可画出几个不重叠的三角形?

30 转几圈

如图所示,两枚同面值的硬币紧贴在一起。硬币B固定不动,硬币A的边缘紧贴B并围绕着B旋转。充分运用你的视觉想象力,想象一下,当A围绕着B旋转一周回到原来的位置时,它围绕着自己的中心旋转了几个360度?几乎可以肯定,你想当然认为是正确的答案其实是错的。

那么,你还能推算出正确的答案吗?

31 隐藏的图形

看下列这幅著名的视幻觉图像的中央,你是不是发现了一个本不存在的方形呢?用四条直线将四颗星连接起来,但四条线都不能与圆环的实线部分相交。

32 三个直角的三角形

聪聪越来越贪玩，功课落下了很多，尤其是数学成绩下降了不少。聪聪的爸爸很着急！于是，聪聪爸爸想了很多的办法来培养孩子学习数学的兴趣。

一天，聪聪在学校刚学习完"关于直角三角形"，晚上等聪聪做完作业，爸爸想加强一下聪聪白天所学的知识，就让聪聪把"直角三角形"的定义都背熟了。然后问聪聪说："你想想看，有没有三个角都是直角的三角形？"聪聪思考了很长时间，认为没有那样的三角形！

于是，爸爸找来一个气球和一支画笔。然后在充满气的气球上画一个直角，延长它的一条边，使其绕过三分之一个气球。然后再在延长一边的终点处画第二个直角，同样延长它的另一边至一样的长度。再就是从第二个直角一边的延长线的终点开始画第三个直角，并且要延长它的另一边至第一个直角一边延长线的起点处。

这时候，聪聪亲眼看见了拥有三个直角的三角形的存在。

你知道这是为什么吗？

33 会弯曲的平行线

数学课上，灵灵正在认真地听老师讲课。老师讲道："平行线就是两条处处距离相等的线！一般来说平行线都是由直线组成的……"还没等老师讲完，灵灵就迫不及待地举手问老师："那么，请问老师，有没有会弯曲的平行线呀？"老师并没有回答，而是对全班学生说："灵灵同学问的这个问题就是刚才我想要告诉大家的，下面我们通过一个小实验来证明有没有会弯曲的平行线！"

只见老师拿了两支笔，然后用胶带将笔并排着固定好。将这两支笔与纸面保持垂直，然后移动笔下的纸，一会儿工夫，纸上就出现了"8"字形的平行线。

你知道这是为什么吗？

34 困难的刺绣图案

据说一位瑞典的刺绣名人，经常会接待一些提出各种奇怪要求的顾客。

有一位顾客提出能不能绣出一条直线与五边形的四条边相交的图案。"

据说这位刺绣名人最后设法满足了顾客要求，并向顾客展示了刺绣样本。

请问，这位刺绣名人是怎么解决这个问题的？

35 被盗的英国纯种马

小仓家里饲养了24匹英国纯种马。他按下图所示将正方形的马圈横竖进行了3等分，每栏放了3匹马。

为防止纯种马被盗，小仓每晚临睡前都要检查一下横竖是否各有9匹马。

一天夜里，盗贼来偷马。当然，他们事先清楚小仓每晚有确认马的习惯。因此，盗贼想出让小仓不易察觉的偷窃办法，成功地盗出4匹马，而小仓竟然好几天没有发觉。

那么，盗贼是如何盗走纯种马的呢？

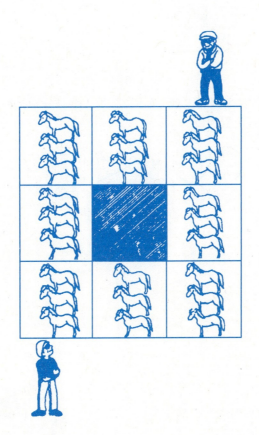

36 蝴蝶挂毯

用毛线编织一幅自己家里用的挂毯，并在上面贴9幅蝴蝶图案。已经贴好6幅，如图1所示。

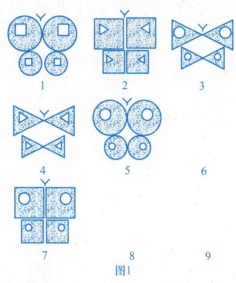

图1

剩下来还没有贴的3幅蝴蝶图案，如图2所示，编号分别是A、B、C，它们应该各自贴到挂毯上的哪一号位置呢？

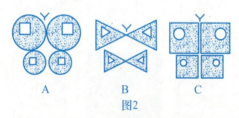

图2

37 齿轮组合

如果黑色箭头表示向上拉，底下吊着的东西是上升还是下降？

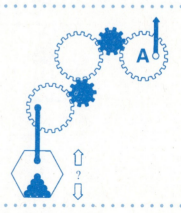

38 牛棚前的木桩

这是乘直升机在美国某个大牧场上空飞行时的事情。从上往下可以看到同样长度的10根木桩和牛棚的窗户整整齐齐地排成一条直线（如图所示）。见此情景，有人说："牛从牛棚的小窗户只能看到重叠的10根木桩中的一根。"其他人也都认为如此。可是向小牛棚的主人一打听，回答是从那个小窗能看到两根木桩。另外，木桩长度与窗户的高度一样，都是1.5米。

如何解释这个问题呢？

39 第三种线

直线被称为是自叠合的，因为直线的任何一段都能同长度相等的其他任何一段完全叠合。圆的圆周也是这样。圆周的任何部分都同长度相等的其他任何部分完全一样。

卵形线不是自叠合的，因为它的各个部分有不同的曲率。从卵形线侧部取下的部分，不能同其端部更为弯曲的部分相叠合。

还有第三种线，也像直线和圆周那样，是自叠合的。

你能想象出它是哪一类线吗？

40 步步高

在下图中，墙壁上写着八个大字："步步高升，永无止境"。这句祝福词，通过画面得到了意味深长的形象表现。沿着图中的阶梯往高处走，每前进一步，就升高一级，步步高升；往前走了一圈又一圈，高升、高升再高升，只升不降，永无止境。

41 争先恐后

如图所示的立体图形中，有一个面上画了一只展翅飞翔的活泼小鸟，另有一个面上画了一条顽皮小鱼。

画鸟的面和画鱼的面，一个在图形的凸出部分，一个在图形的凹进部分。

究竟哪个面凸起在外，哪个面凹陷在内呢？

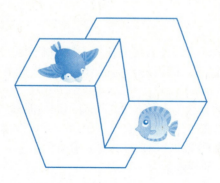

42 远近高低各不同

宋代文学家苏轼在《题西林壁》诗中写道:

横看成岭侧成峰,远近高低各不同。
不识庐山真面目,只缘身在此山中。

一个简单的正方体框架,同样也能产生"远近高低各不同"的奇妙感觉。

图中的正方体,是一个空心框架,所有的面都没有被遮挡。

仔细看下面这幅图。你觉得图中哪个面远,哪个面近?观察角度是从高处往下看呢,还是从低处往上看?

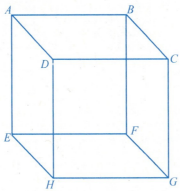

43 木匠师傅的绝招

有位木匠师傅指导他的徒弟们制作楔形榫。在他们完成几次一般性的练习之后,师傅拿出一个如图所示由两块木头合成的立方体木块给他们看,两块木头的接合处在立方体的四个垂直面上都形成楔形榫的形状,且四面看起来完全一样。师傅要徒弟们照样做一个,但他们都不知道该如何下手。

这到底是怎么做的?

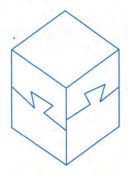

44 折叠问题巧解决

一名纸盒制造商要求设计师设计一种适当的纸板,使得该纸板折叠以后可隔成两个正方体,且这两个正方体上方各有一个盖子。

有很多种设计可符合此要求,但是最后制造商决定采用如图2所示的"十"字形纸板。

根据设计师的说法,只要将纸板裁两刀,就可折叠出所需的盒子,该如何着手?

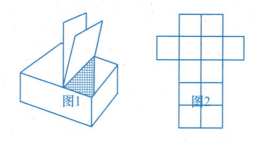

45 黑球落在何处

下图中所有的弧线都是固定的。问黑球朝箭头所指方向滚下会落在什么地方?

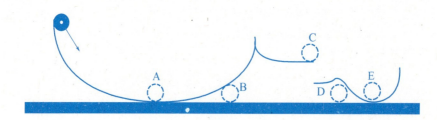

46 转轮和杠杆

如果A处的轮子按照图示方向转动，下面的物体首先上升还是下降？

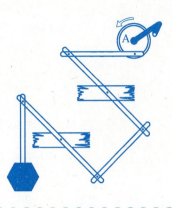

47 齿轮传动

当按照图中所示的方向转动把手时候，四个重物中哪些会上升，哪些会下降呢？仔细分析一下各个齿轮之间的传动情况即可得出答案。

48 盲人约特的遗书

马克斯与约特是一对盲人朋友。

约特觉得自己活不了多久了，便对好友说："马克斯，有一件事想拜托您。我想写份遗书，请您代为保存。"他接着说，"如果我死了，将一半财产给妻子，一半财产给我弟弟。"

躲在一旁偷听的妻子一听，恨得直咬牙。

约特呼唤妻子的名字，要她取来钢笔和纸，妻子却挖苦道："眼睛看不见，还能写字吗？"

"你磨蹭什么！快点把纸与钢笔给我！否则，我将财产全给弟弟！"

妻子无奈，只得把笔和纸递给丈夫。

约特写道："我死后，将财产中的一半分给弟弟。"随后，署名，装入信封，直接交给了马克斯。

一个月后，约特病情恶化死去。马克斯叫来约特的弟弟，将遗书交给他。弟弟当场打开信封，取出一看，大惊失色。遗书竟是一张白纸。

"你是不是被我嫂子收买了？耍这偷梁换柱的可耻把戏？！"

马克斯接过遗书。不一会儿，他便说："你看，这确实有字，是你哥哥的遗言。"

您知道这是怎么回事吗？

49 小偷是怎样把纸币带回家的

伦敦，一家冷饮店的角落里，经常坐着一位老人，看上去70岁左右，他总默不作声，一口一口地喝着牛奶。看他那安详的神态，晚年一定过得挺不错。

一天早晨，这位老人走进冷饮店不多时，来了一位名叫波蒂的女记者。波蒂告诉老人说："昨天晚上，小偷钻进冷饮店，偷走了200英镑纸币，逃出冷饮店，还未跑出10米，就碰上了从胡同里出来的警察。警察见他形迹可疑，就把他带到附近的警察局。正巧，冷饮店老板也来警察局报案，警察便更加怀疑他是小偷，马上进行搜身。但令人费解的是，小偷竟然身无分文。没有证据，警察局只得将小偷释放。将小偷释放后，警察又进行盯梢，看到小偷回家后，再也没有返回过作案现场。可以确认，小偷没有同案犯……"

女记者还说："警察从小偷的神情上，可以确认是他作的案，可惜就是没有证据。"

老人听了，慢条斯理地说："警察常干蠢事。波蒂，你若想了解真相，一两天后，去那小偷家里看看，一定会水落石出的。"

说完，老人还朝女记者自信地笑了笑。

两天后，女记者去小偷家，果然不出老人所料，女记者发现了小偷的作案方法，并且报告了警察，小偷立即被逮捕归案。

老人怎么会料事如神的呢？你能想出其中的奥秘吗？

50 凶手是用什么东西盛放毒液的

三名男子梅斯、贝拉和利吉在一家西餐店里喝啤酒，突然间，店堂内一片漆黑。原来是停电了。不一会儿，侍者送来了蜡烛，于是，他们接着又喝了起来。几分钟后，利吉痛苦地挣扎起来，很快地就俯在桌上，停止了呼吸。

警方经过调查，发现利吉喝的啤酒中，有烈性毒药。

听了警方的报告，探长苏莱曼问："停电是偶然的吗？"

"不，3天前就贴出布告通知了。"

"那么，凶手一定是看到布告后做好杀人准备的。这狡猾的家伙利用停电的瞬间，迅速投毒到利吉的啤酒杯中！"探长自言自语地分析道，接着又问了一句，"当时在现场的顾客多不多？"

"不多，只有他们三个人。"

"那么，向酒杯里投毒的凶手不是梅斯，就是贝拉。"

警方对梅斯和贝拉随身携带的物品进行了仔细检查。

梅斯携带的物品有香烟、火柴、手表、胶囊感冒丸、乘车月票和800美元；

贝拉携带的物品有手表、手帕、口香糖、记事本、老式钢笔和600美元。

在两人所带的这些物品中，没有可以盛放毒液的容器。

侍者证实，梅斯和贝拉谁都没有离开座位一步。所以，他们没有机会丢弃任何容器。

探长苏莱曼将他们两人携带的物品看过之后，立即指出了投毒者是谁！

请你分析一下，精明的探长所断定的凶手是梅斯还是贝拉？凶手又是用什么东西盛放毒液的？

51 不翼而飞的1 000万元赎金

一位亿万富翁的独生子被人绑架了。歹徒寄给这位富翁一封恐吓信，信的内容如下：

如果你希望你的儿子平安地回家，就把1 000万元的赎金装在旅行包里，明晚12点，让你的司机在B公园的铜像旁挖一个坑，将钱埋入地下。后天中午12点，你的儿子就可以回家了。

接到绑匪的信后，亿万富翁很着急，立即向警方报了案。第二天晚上12点，司机带着装有1 000万元的旅行包来到B公园的铜像旁。为了预防万一，与司机同车前往的有7名化了装的警察，公园的出口也有几名刑警在远处把守。

司机在一片黑暗中按绑匪的要求，在铜像旁挖了一个很深的坑，将旅行包放在坑中埋好，随后又带着铁锹离开了那里。留下刑警小心翼翼地在那里监视着。直到次日中午，始终没有见到绑匪前来取钱，而小孩却平安地回到了家中。

警方见孩子回来了，不知绑匪耍什么花招，就把埋钱的坑挖开了。出人意料的是，旅行包是空的，1 000万元赎金不知什么时候被取走了。负责监视的刑警证实，绑匪绝对没有来过，而且也没有任何人靠近那个坑。那么这个不见踪影的绑匪，究竟是如何躲过刑警的监视，将1 000万元的赎金取走的呢？司机的确将那1 000万元赎金埋在坑里了呀！

你知道到底是怎么回事吗？

第4章

判断思维

　　一个人的行动能否取得良好的效果有赖于他能否对事物做出正确的判断，判断思维能力在人的实践活动中起着至关重要的作用。思维的基本过程包括分析、综合、比较、抽象、概括和具体化。"具体化"既是一个结果，也是一个判断思维能力的运用过程。如果说概括思维是一个"分总思维"的过程，那么判断思维就是一个"分总思维"的过程。

　　判断思维能正确反映事物的复杂性和多样性，从而能正确、有效地指导人们改造客观世界的实践活动。

1 浮冰

一块边长为10厘米的立方体冰块浮在水中，超出水面约为1厘米。现在要求不将盐之类的物质放入水中而让冰块浮出水面2厘米。

你应该怎么办？

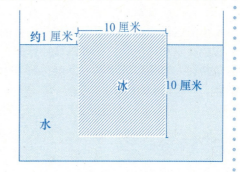

2 北极"英雄"

牛皮先生正在酒桌上侃侃而谈：那是圣诞节前的一天早上，他和海军上尉一同赶往他们在北极设下的气象观测点。突然，上尉摔倒了，大腿骨折，10分钟之后，他们脚下的冰层松动了，两人开始向大海飘去。"我意识到如果没有火，我们就会冻死。怎么办？我取出放大镜，又撕碎了几张纸，用放大镜聚焦的办法点燃了纸片。啊，火拯救了我们。更幸运的是，24小时后，我们被一艘路过的快艇救起。因此，我获得了英雄的奖章。" "可是，有谁相信你这假的北极英雄故事？"有人戳穿了他的谎言，酒友们无不开怀大笑。

请问，你能发现故事中的漏洞吗？

3 沙漠转向

一支考察队在沙漠里迷失了方向，由于粗心大意，出发前忘记带指南针。他们记得营地在南边，因此，夜里靠北极星的指引可以寻找方向。可是，现在是白天，太阳已经升起了，他们应该怎样确定向营地走的路线呢？你能想出一或两个办法吗？

4 谁是冠军

世界田径运动会分为两个会场，一个是挪威的奥斯陆，另一个是墨西哥的墨西哥城。运动员甲在奥斯陆跳过2.35米，运动员乙在墨西哥城也跳过2.35米。观众都认为这两名运动员应该并列冠军。可是，总裁判却指出，甲和乙的成绩并不一样，他们之中只有一个冠军，那就是甲。

你知道为什么吗？

5 环球旅行

有人从日本东京抵达上海,开始环球旅行了。可是,在地球上怎样才算环球呢?我很茫然,主要是弄不清楚环球旅行的定义。后来我就假设:只要是跨过地球上所有的经度线和纬度线,就可以算环球旅行。那么请问,在这样的假设下,环球旅行的最短路程大概是多少千米?不过,解这个题时,为了简化,可以把地球看作是一个正圆球,周长是4万千米。

6 真假文物

某地废品收购站收购到一面古铜镜,上面铸着"公元前55年造"的字样。收购员说:"这是珍贵的历史文物,应当高价收购,送给历史博物馆。"收购站主任却笑了笑,说:"没有必要,只按废铜价格收购就是了。"

请问,这是怎么回事呢?

7 只能过一人的独木桥

南来的老张担了两担菜去卖,北往的老李背了一袋大米去卖,他们走到桥中央,如何才能够顺利地过桥呢?

8 石子的提示

一条考察船驶到了南极,在无边无际的冰海上找不到陆地。正在发愁时,捉到了一只企鹅,宰杀时发现嗉囊里有一块石子,考察队员高兴地喊了起来:"找到陆地了。"

为什么说找到陆地了?

9 种玉米

从前有一个地主,他雇了两个人给他种玉米。两人中一人擅长耕地,但不擅长种玉米,另一人恰相反,擅长种玉米,但不擅长耕地。地主让他们种20亩地的玉米,让他俩各包一半,于是工人甲从北边开始耕地,工人乙从南边开始耕地。甲耕一亩地需要40分钟,乙却得用80分钟,但乙种玉米的速度比甲快3倍。种完玉米后地主根据他们的工作量给了他们20两银子。

问俩人如何分这20两银子才算公平?

10 启动和停止的汽车

请找出哪幅图是突然启动时的公共汽车,哪幅图是突然停止时的公共汽车?

图1

图2

11 哪个影子大

两架同样型号的飞机,一架飞机飞行高度为50米,另一架飞行高度为30米,问哪架飞机投在地面的影子大?

12 降落何处

地球围着太阳自转,每自转一周是24小时。假若有一架直升机从一个广场起飞,飞到一定高度后,停在空中不动,4小时后降落下来,直升机应降落在什么位置?

13 谁会赢

一个大力士和一个小孩，在定滑轮上举行爬高比赛，他们哪一个先到达顶点而获胜？

14 运西瓜的船

载西瓜的船停在岸边，没有系缆绳就开始卸西瓜了。工人从船尾将西瓜向岸上的人抛去，这样会发生会么事情？

15 木船遇雨

一位船工把小木船停泊在河边就回家了。不一会儿，下了一场暴雨，河水涨得很快。船工的妻子让船工去河边看看，她担心船会沉入河内或被水冲走。但是，船工却坦然地说："放心吧，不会出事的。常言道'水涨船高'，不但船没危险，甚至船的吃水线也不会变。"

你认为船工说得对吗？

16 你能在纸杯子上烧一个洞吗

用一个装过冰淇淋的纸杯子装水，一只手拿纸杯子，另一只手拿燃着的火柴靠近纸杯子的底部，你能把纸杯子烧穿一个洞吗？

17 把冰水烧热

这里冰水是指把冰块放在里面的水。取一口锅、一支测量气温的温度计、一把勺子、一些冰块和水。在锅内放13～15厘米深的水和冰块，然后用温度计充分搅拌，直到温度计的温度达到0摄氏度。注意使温度计上的小球全部没入冰水中，不要靠着锅边或锅底。

把锅放在小火上烧1分钟，端下锅把冰水彻底搅拌一下，看看温度计是多少度。如果温度没有上升，再把冰水加热，直到冰块几乎全部融化为止，再测一次温度，温度上升了吗？

第4章 判断思维

18 镜子·影像

当你面向镜子看时，映出的常常不都是你的真实容貌。一人站在两块相对排放着的立镜中间，就会照出一连串很多的影像。假设有一间小屋，屋内上下、左右、前后都铺满了无缝隙的镜子。请问：当你走进这间小屋时，你能看到什么样的影像呢？

19 杂技演员过桥

一位杂技演员，带着两只大铁球，来到一座快要崩塌的旧桥前面，这座桥只能承受杂技演员再加一只铁球的重量。这位杂技演员利用杂技技巧，把两只铁球轮流地抛起来，这样，在同一时间内，他的手中就只有一只铁球，他安全地过桥了。

你认为这个故事可信吗？

20 分辨金球和铅球

有两个大小及质量都相同的空心球，但是这两个球的材料是不同的，一个是金，另一个是铅。这两个球的表面涂了一模一样的油漆，现在要求在不破坏表面油漆的条件下用简单方法指出哪个是金的，哪个是铅的。

你能分辨出来吗？

21 变大还是变小

一枚硬币中间钻了一个孔，如果将硬币加热，孔径是变大还是变小？有人说："金属受热后膨胀，有孔的地方被挤小了。"

他说得对吗？

22 混凝蜡

用牛皮纸卷两个相同的小纸筒（高约100毫米、直径约10毫米），在一个纸筒中倒入熔蜡，另一个纸筒中倒入放有木屑的熔蜡。等蜡液凝固之后，剥去纸皮，就得到一根纯蜡棒和一根充满木屑的蜡棒。用这两根蜡棒分别去吊重物，可以证明，含木屑蜡棒的强度比纯蜡棒的强度大。为什么呢？

23 滚动比赛

有两只同样的圆柱形瓶子,一只装满水,另一只装满泥砂、木屑等杂物,它们的重量一样。将这两只瓶放在斜板的顶部,让它们同时向下滚。

哪一只瓶子滚得快呢?

24 举重冠军

有一位体重52千克的举重冠军,他可以抓举起110千克重的杠铃。现在有一个固定在训练室房梁上的定滑轮,上面挂了一条绳子,绳子一端拴有一块70千克重的石头。

请问:举重冠军用力拉绳子的另一端,能不能把70千克重的石头拉上去呢?

25 水壶盖上的小洞

有一种烧开水的壶,盖上有一个小洞,水开了以后,蒸汽可以从这个小洞出来,不然就要把壶盖顶开了。想一想,壶盖热了以后,小孔是缩小呢?还是扩大了?

你也许认为,小洞一定是缩小了。因为壶盖受热以后是往各个方向膨胀的,壶盖整个向外膨胀,而小孔会向里膨胀。这个想法是不对的,小孔应该扩大而不是缩小。为什么?

26 用热水瓶做实验

家家都离不开的热水瓶能做两个有趣的实验。把空热水瓶的瓶口贴在耳朵上,就会听到嗡嗡声。许多老人到市场去买热水瓶的时候,常常这样做,据说这样可以鉴别热水瓶的好坏。实际上,这是一种共鸣现象。在我们的周围总是有各种各样的声音,由于这些声音比较微弱,我们常常察觉不到。如果某些声音和热水瓶发生共鸣,声音就被放大了。这种声音和热水瓶的质量是没有什么关系的。把茶杯、饭碗、玻璃杯等器皿的口贴在耳朵上都会听到声音,但是声音的高低不同。你可以用两只耳朵对不同的器皿进行仔细的比较,就会发现器皿小,发出的声音音调就略高一点。这里面有一个规律,就是器皿里的空气柱越长,发出的音调越低。换句话说,音调低的声音和长空气柱发生共鸣,不同的音调对应着不同长度的空气柱。

下一个实验是你天天都做过的,向热水瓶中灌水。一般说来,任何人都能凭灌水所发出的声音来判断水是不是灌满了。想一想,为什么灌的时候,声音的高低会发生变化呢?

27 谁比较省力

　　一艘轮船用均匀的速度沿着直线向前行驶。船的甲板上有两个人互相扔球,一个人靠近船头,另一个人靠近船尾,哪个人向对方扔球省力一些呢?

28 不飘动的旗子

　　在气球下面系一面旗,当气球升到空中以后,被风刮向北方。在这种情况下,气球下面的旗子向哪个方向飘动呢?

29 田径教练被害的时间

　　在一个建有体育中心的公园里,田径教练身穿运动服倒在运动场的跑道上,是头部被击致死。发现尸体的是当日早晨和福尔侦探一起散步的青年医生。

　　"尸体还有体温,看来被害的时间不长。"医生摸了摸尸体说道。

　　"被害时间是,从现在算起21分36秒前。"福尔侦探很肯定地说。

　　医生感到非常诧异,他非常吃惊地问:"什么?您不是开玩笑吧?尽管您是一位有名侦探,可怎么会知道得那么准确呢?莫非是您目击到了作案现场?"

　　福尔侦探指着给他看了一样东西。青年医生仔细一看,就对福尔侦探心服口服了。

　　那么,福尔侦探指给青年医生看的是什么东西呢?他又是根据什么推测得如此精确呢?

30 老金斯的老邻居

　　海力警长驱车刚刚检查了两个街区，此时正经过某住宅区。突然，他发现路旁躺着一个人。海力下车一看，那人已经气绝身亡，脖子上留有明显被勒的痕迹。

　　这时，已是午夜，附近一家住宅走出来一个人。他走上前来弯腰一瞧，惊恐地喊了起来："啊，这不是老金斯吗！我料到会出这事。我警告过他！"

　　"警告过他什么？你是谁？"海力问。

　　"警告他不要总是把金币弄得叮当响。我是罗蒂芬。老金斯和我是20年的老邻居了。几分钟前我见他走过去——他总喜欢把他的金币弄得叮当响，好像特意要招人抢劫似的。"

　　"那金币值钱吗？"

　　"钱倒值不了多少，老金斯把它当作护身符。我告诉过他小心点的，有没有被偷走？"

　　海力检查了尸体，从裤子的右边口袋里发现了那枚金币。又在他口袋里发现了一美元的纸币。

　　海力很快逮捕了罗蒂芬。

　　你知道海力逮捕罗蒂芬的依据是什么吗？

31 老人的遗书是伪造的

　　一个孤身老人死在杂木林深处的一幢别墅里，一天后才被发现，死因为过量服用了安眠药。因为留下一份字迹潦草的遗书，被认定为自杀。

　　发现尸体的是死者亲戚，一个多年未曾登过门而突然来访的男子。室内有很多鸟笼，小鸟并不知道主人死去，都在鸟笼里欢快地啼叫着。

　　"这位老人三年前当了爱鸟协会会长。"发现者这么介绍说。

　　"如果那样的话，肯定是他杀，遗书也是伪造的。"福尔侦探认真查看了现场以后，果断地下了结论。

　　福尔侦探为什么这么说呢？

32 是谁救了他

　　小夏是广东人，黝黑的皮肤透着健康。一天，他骑着一辆平板三轮车顺山坡滑下，没想到刹车失灵。眼看车速越来越快，见到路边有一个石灰坑，他急中生智，猛地一拐，撞进坑里，大家正担心的时候，只见一个"白面书生"从石灰坑里站起来，奇怪！竟一点儿也没有受伤。可是，再看看那辆平板三轮车，却是前叉折断、车身撞裂。

　　是谁救了他呢？

33 究竟谁在说谎

一辆绿色小轿车里躺着女乐手安娜，车子就停在她的住宅门口。她在晚上8点遇害，离8点30分在市音乐厅上演的交响音乐会仅差半小时。她身中两弹：第一颗子弹从右大腿穿过，在黑色的紧身裙上留下了一大块血迹；第二颗子弹是致命伤，贯穿胸部，雪白的衬衣上血迹斑斑。车内还有她的一把大提琴。

警方分别取得了三个人的证词。

发现尸体的房东太太说，安娜打算出席音乐会，但不参加演奏，因为她与桑德斯——乐队里一个狂热追求她的人闹翻了。为此她一个星期没有练琴，那把琴一直搁在车上没动过。

桑德斯坚持说他与安娜已和好如初，安娜答应参加演出，并且约定像以往那样在8点10分驾车来接他一起去音乐厅，但他空等了一场。

乐队指挥拉兹罗说，乐队的女乐手演出时穿的是拖地的黑裙子和白衬衣，男乐手穿的是白西装和黑西裤。他又补充说明安娜可在不排练的情况下出色地演奏，因为音乐会的曲目已反复上演过多次。

看完三份证词后，福尔侦探立即判断出桑德斯在撒谎。

福尔凭什么认定桑德斯在撒谎呢？

34 刑警的判断

老约翰的家与卡特的家相对，中间只隔着一个网球场。

在一个积雪深达30厘米的冬夜里，老约翰穿过网球场到卡特家去玩。没想到，他突然心脏病发作，死在了卡特家。

卡特非常害怕，马上穿上老约翰的长靴，穿过网球场把尸体搬回老约翰的家。这么一来，雪地上只有老约翰的足迹，看上去就像老约翰从卡特家出来后，回到自己的家中才死的。

结束了伪装工作后，卡特从大路上绕回家。大路上的雪已被来往的车子压得很硬了，所以并没有留下足迹。

老约翰的尸体在第二天一早被人发现了。于是，刑警便到卡特家调查。

"卡特先生，老约翰从你家离去时，是不是拿了一些很重的东西呢？"

"没有啊！他空着手回去的。"卡特回答说。

"我看，他并不是死在自己家里，而是死在你的家里，是你把他扛回去的吧？"

你知道刑警是根据什么做出判断的吗？

35 为什么地毯上只有一点儿灰尘

一个星期五，酷爱玫瑰、每个星期五晚上都要到地铁车站那儿卖花的小贩处买13朵粉红色玫瑰的查利，这晚没去买花，小贩担心出事，打电话报告了警署。

警察来到查利租用的房间外，这房间只有一扇窗和一扇门，而且都在里面锁上了。警察小心翼翼地弄开门进入室内，只见查利倒在床上，中弹死去。初步看来，他像是先锁上了门窗，然后坐在床上向自己开了枪，手枪掉在了地毯上，开门的钥匙在他的背心口袋里。

警长苏曼向名探柯南谈了现场所见。柯南问："他上星期买的玫瑰花怎么样了？"

警长说："花瓶放在窗台上，花都枯萎凋谢了。据验尸认定，查利死去已有五天了。"

柯南问："在地板、窗台或者地毯上有没有发现血迹？"警长说："没有。只有一点儿灰尘，没有别的东西。只在床上有血迹。"

柯南说："你最好派人检查一下地毯上的血迹。我看是有人配了一把查利房间的钥匙，开门进去，打死了正站在窗边的查利，然后打扫清洗了所有的血迹，再把尸体挪到床上，使人看上去像自杀。"

柯南为什么这样说呢？他的根据是什么？

36 准确的作案时间

某天夜里，在福尔侦探家附近的公寓里发生了一起枪击事件。住在该公寓的4个人同时被枪声惊醒，都各自看了自己的手表。当福尔侦探赶到现场问到4个人时，他们分别回答如下：

"我听到枪声是12点零8分。"

"不，是11点40分。"

"我记得是12点15分。"

"我的表是11点53分。"

4个人说的时间都不一样，因为他们的手表都不准。一个慢25分钟，一个快10分钟，还有一个快3分钟，最后一个慢12分钟。

那么，准确的作案时间到底是几点几分？

37 谁是枪杀P先生的罪犯

星期天下午，P先生被人杀了。警长来到P先生的邻居M先生家里调查。

M先生告诉警长发生凶杀的时间时说："我和我的女儿很清楚，我们听到三声枪响的时间正好是17点06分。我们立刻向窗外看去，看到一个男人溜掉了，他只是一个人。"

警长检查了现场，他发现了一封由P先生亲手签名的信，上面提到，有三个男人曾想谋害他。

这三名嫌疑者中，A先生和C先生是足球教练，而B先生是橄榄球教练。

这三名教练的球队，星期天下午都参加了15点整开始的球赛。A教练的球队是在离死者住所10分钟路程的体育场上争夺"法兰西杯"；B教练的球队是在离P先生家60分钟路程的球场上进行友谊赛；而C教练的球队是在离凶杀地点20分钟路程的体育场上参加冠军争夺赛。据了解，这三位教练在裁判号吹响结束比赛的笛声之前，都在赛场上指挥球战，而且当天天气很好，比赛皆未中断过。

警长踱着方步，突然返转身对助手说："把三位教练都请来。"

警长问各位教练："诸位教练，贵队战果如何？"

A教练答曰："我的球队与绿队踢成了平局。3比3。"

B教练接道："唉，打输了，9比15负于黑队。"

C教练满面喜色，激动地说："我的队员以7比2的辉煌战绩打败了强手蓝队，夺得了冠军！"

警长听后，朝其中的一位教练冷冷一笑："请留下来我们再聊聊好吗？"

这被扣留在警署的教练，正是枪杀P先生的罪犯。

你知道他是谁吗？为什么？

第 5 章

演算 思维

提起演算思维，多数人会马上想起数学。前些年流行这样一句话："学好数理化，走遍全天下。"以今天信息时代的眼光看这句话，这样说未免有以偏概全之嫌。然而，这句话却说明了"数理化"在社会发展中重要地位，揭示了自然科学对人类进步的巨大作用。在"数理化"这个专有名词中，数学被放在了首位，这不是偶然的，因为数学是自然科学最重要的基础学科之一。从我们牙牙学语开始，我们就开始与数学打交道了，因为婴儿学话的初期，数字是相当重要的学习内容。数字伴随着我们的一生，数字运算就自然而然地与我们如影随形。

数字运算包罗万象，由于篇幅所限，我们只能选取古今中外最著名的、与生活联系最密切的一些题目。尽管这些题目只是数学海洋中的一滴水，但是希望读者朋友们能够从这"一滴水"中看到整个数学学科的世界！

1 地球和邻居们

以地球一年365天为标准,几颗行星绕太阳公转的时间分别是:水星约88天,金星约225天,火星约687天,木星约12年。请问这几颗行星要隔多少年才能在一条直线上?

2 加法入曲

元代汤式的散曲《双调·庆东原·京口夜泊》巧妙运用了加法原理,你知道是在哪里用到的吗?全曲如下:

故园一千里,孤帆数日程。倚蓬窗自叹漂泊命。城头鼓声,江心浪声,山顶钟声,一夜梦难成,三处愁相并。

3 减法入曲

元代卢挚的散曲《双调·蟾宫曲》巧妙运用了减法原理,你知道是在哪里用到的吗?全曲如下:

想人生七十犹稀,百岁光阴,先过了三十,七十年间,十岁顽童,十载尪羸(wāng léi,瘦弱的意思)。五十岁除分昼黑,刚分得一半儿白日,风雨相催,兔去乌飞。仔细沉吟,都不如快活了便宜。

4 乘法入曲

元代曾有无名氏作散曲《水仙子·遣怀》巧妙运用了乘法原理,你知道是在哪里用到的吗?全曲如下:

百年三万六千场,风雨忧愁一半妨。眼儿里觑,心儿上想,教我鬓边丝怎地当,把流年子细推详。一日一个浅酌低唱,一夜一个花烛洞房,能有得多少时光。

5 除法入曲

(1) 元代阿鲁威的散曲《双调·蟾宫曲》巧妙运用了除法原理，你知道是在哪里用到的吗？全曲如下：

问人世谁是英雄？有酾酒临江，横塑曹公。紫盖旗，多应借得赤壁东风。更惊起南阳卧龙便成名八阵图中。鼎足三分：一分西蜀，一分江东，一分北魏。

(2) 元代张可久的散曲《沉醉东风·秋夜思》巧妙运用了除法原理，你知道是在哪里用到的吗？全曲如下：

二十五点秋更鼓声，千三百里水馆邮程。青山去路长，红树西风冷。百年人半纸虚名。得似璩源阁上僧，午睡足窗日影。

6 王冕取环

元代的大画家王冕，小时候家境贫苦，没有书读，常常独自躲在学堂门外，听先生讲课。他聪明刻苦，放牛时，牛儿去吃草，他便独自在池边用树枝作笔，大地为纸，临摹池中荷花。最终成为远近闻名的大画家。

传说，他小时曾给一个财主当雇工，讲明的条件是：每月以一个银环作为工钱。当王冕做完了一个月工作后，财主却拿了一串银环出来，在他面前晃了晃，说："喏，这都是你的工钱，但是有个条件：这七个银环只准断开其中一个，你每月也只能取走一个。当月付清当月的工钱，不拖不欠。假如你违反规定，不但拿不到工钱，还要把已经付出的全部收回。"

王冕一听，这显然是在刁难他。但是穷人又上哪儿去讲理？他只得答应照办。为了挣钱活命，他每天一面给主人辛勤劳动，一面思考着怎样才能按月取走工钱。后来，他终于想到了办法，在七个银环中只断开一个，以后每月都如数地取走一个银环的工钱。

王冕用了什么办法呢？

7 九百九十九文钱

下面是一道用歌谣形式写成的算术题。

九百九十九文钱，
甜果苦果买一千。
四文钱买苦果七，
十一文钱九个甜。
甜苦两果各几个？
请君布算莫迟延！

这是中国古代数学书《算法统宗》里的题目。《算法统宗》刻印于1592年，作者程大位(1533～1606)是明代的数学家。题目的意思是说，有999文钱，买一种甜果和一种苦果，两种共买1 000个。其中苦果的价钱是4文钱买7个，甜果的价钱是11文钱买9个。请你算一算，买了多少个甜果，多少个苦果？

8 百羊问题

明代大数学家程大位著的《算法统宗》一书,有一道诗歌形式的数学应用题,叫百羊问题。

> 甲赶羊群逐草茂,乙拽一羊随其后。
> 戏问甲及一百否?甲云所说无差谬。
> 所得这般一群凑,再添半群小半群。
> 得你一只来方凑,玄机奥妙谁猜透?

此题的意思是:一个牧羊人赶着一群羊去寻找青草茂盛的地方。有个人牵着一只羊从后面跟来,并问牧羊人:"你的这群羊有100只吗?"牧羊人说:"如果我再有这样一群羊,加上这群羊的一半又四分之一群,连同你这一只羊,就刚好满100只。"谁能用巧妙的方法求出这群羊有多少只?

9 百馍百僧

明代大数学家程大位著的《算法统宗》中有这样一题:

> 一百馒头一百僧,大僧三个更无增;
> 小僧三人分一个,大小和尚各几丁?

你能解出来吗?

10 船只运盐

盐是人人每天必需的物品。烧菜不放盐,就觉得淡而无味,现代人如此,古代人也不例外。中国古代数学书里,自然少不了有关盐的应用题。下面是明代数学家程大位著的《算法统宗》里的一道应用题:

> 四千三百五十(袋)盐,
> 大小船只要装全。
> 五百袋装三大只,
> 三百袋装四小船。
> 大小船只同只数,
> 折算须请众英贤。

题目的大意是说,有4 350袋盐,把一些大船小船刚好装满。其中,每3只大船装500袋,每4只小船装300袋。大船和小船的只数相同。请算一算有多少只大船和小船?

11 哑子买肉

这是程大位著的《算法统宗》中的一道算题：

> 哑子来买肉，难言钱数目。
> 一斤少四十，九两多十六。
> 试问能算者，今与多少肉？

你能算出来吗？

12 宝塔装灯

这是明代数学家吴敬偏著的《九章算法比类大全》中的一道题，题目是：

> 远望巍巍塔七层，红光点点倍加增。
> 共灯三百八十一，请问顶层几盏灯？

你能解出吗？

13 寿星岁数

清乾隆五十年，朝廷为了表示国泰民安，把全国65岁以上的老人请到京城，为他们举行一次盛大宴会。在宴会上，乾隆看见一位老寿星，就以这位寿星的岁数为题，说出上联，并要纪晓岚对出下联：

> 乾隆帝的上联是：花甲重开，又加三七岁月。
> 纪晓岚的下联是：古稀双庆，更多一度春秋。

你知道寿星的岁数吗？

14 鸡兔同笼

"鸡兔同笼"是我国古代流行的一道传统数学题。

（一）
鸡兔同笼不知数，
三十六头笼中露，
数清脚共五十双，
各有多少鸡和兔？

（二）
鸡兔同笼不知数，
头数相同已告诉，
知道脚共九十只，
请问多少鸡和兔？

15 大小灯球

"鸡兔同笼"的算题和算法,在我国古代的民间广为流传,甚至被誉为"了不起的妙算",以至于清代小说家李汝珍把它写到自己的小说《镜花缘》中。《镜花缘》写了一个才女米兰芬计算灯球的故事:

有一次米兰芬到了一个阔人家里,主人请她观赏楼下大厅里五彩缤纷、高低错落、宛若群星的大小灯球。主人告诉她:"楼下的灯分两种,一种是灯下一个大球,下缀两个小球;另一种是灯下一个大球,下缀四个小球。楼下大灯球共360个,小灯球1 200个。"主人请她算一算两种灯各有多少。

你能算出来吗?

16 鸭子回笼

才太阳落山晚霞红,我把鸭子赶回笼。
一半在外闹哄哄,一半的一半进笼中。
剩下十五围着我,共有多少请算清。

此题是民间算题,朴实生动,颇有田园气氛。你能解出来吗?

17 小猴摘果

三百七十八个果,小猴边摘边唱歌,
开始一天真快乐,逐日少摘一半果,
转眼六天匆匆过,每天摘果多少个?

此题是民间算题,你能解出来吗?

18 隔壁分银

只闻隔壁客分银,不知人数不知银。
四两一份多四两,半斤一份少半斤。
试问各位能算者,多少客人多少银?

此题是民间算题,用方程解比较方便。你能解出来吗?

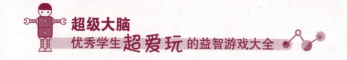

19 对联算题

下面一副对联，也是两道算题，并巧妙用上一、三、七、九、十各数，无生拼硬凑之嫌。

尺蛇入穴，量量九寸零十分；
七鸭浮江，数数三双多一只。

你知道上下联讲的都是什么吗？

20 别离情

四哥探望十四姐，七转石岭九道砭。
十五月亮一夜圆，十二月逢六天面。
十诉别情八回怨，十三云月三重天。
五作别诗十一首，两地相望十六年。

此诗所用数字构成一个四阶完美幻方，你知道其中的奥妙吗？

21 少年学艺

六面围墙九米高，四季苦练十五招。
三更始练十六套，五转飞空十分妙。
十三少年两手高，十一寻师八方找。
十二学艺七师教，十四内藏一身宝。

此诗所用数字构成一个四阶完美幻方，你知道其中的奥妙吗？

22 山湖园林景色秀

四方园林五桥连，十六叠峰九重天。
十五长廊十里街，三岸杨柳翠六砭。
一湖山色八洞险，十三楼阁十二殿。
十四花坛十一色，二重观光时七月。

此诗所用数字构成一个四阶完美幻方，你知道其中的奥妙吗？

23 高利贷者破产的故事

阿凡提来到一个集市,正好遇见一个高利贷者在叫喊,"放金币喽!放金币喽!我的金币可是个宝,只要你把它埋在地里一天一夜,就会变成1 000个金币。""我借一个金币!"阿凡提决心惩罚这个愚弄百姓、贪得无厌的家伙,为民除害。"那你每天得还我1 000个金币。"

"好,一言为定。我将连续15天借金币,第1天借1个金币,以后每天都是前一天的2倍。15天以后我还你金币,如果这15天之内,你后悔了,那么你借我的金币就不能还给你了。"高利贷者一算计,立即眉开眼笑,一口答应。

不到15天,这个贪得无厌的高利贷者破产了。

你知道他是怎样破产的吗?他赔了多少金币?

24 苏步青教授解过的题

我国著名数学家苏步青教授,有一次到德国去,遇到一位有名的数学家,在电车上出了一道题目让苏教授做。这道题目是:

甲、乙两人同时从两地出发,相向而行,距离是50千米。甲每小时走3米,乙每小时走2千米,甲带着一只狗,狗每小时跑5千米,这只狗同甲一起出发,碰到乙的时候它就掉头往甲这边跑,碰到甲时又往乙这边跑,碰到乙时再往甲这边跑……直到甲、乙二人相遇为止。问这只狗一共跑了多少千米?

苏步青教授略加思索,未等下电车,就把正确答案告诉了这位德国数学家。

请你也来解答这道数学题,题目虽然不太难,但要认真思考,才能找到解题的"窍门"。

25 花间蜜蜂

古代印度也像古代中国一样有着灿烂的文化。下面是古代印度手稿里的一道有趣的数学题。

有一群蜜蜂,其中五分之一落在杜鹃花上,三分之一落在栀子花上,这两者的差的三倍飞向月季花,最后剩下一只小蜜蜂在芳香的茉莉花和玉兰花之间飞来飞去,问共有几只蜜蜂?

26 同赴圣地

　　我赴圣地爱弗司，
　　路遇妇人数有七，
　　一人七袋手中携，
　　一袋七猫不差错，
　　一猫七子紧相随，
　　猫及猫子，布袋及妇人，
　　共有几何同赴圣地爱弗司？

这是一道古印度数学题，你能解出来吗？

27 莲花问题

　　在波平如镜的湖面，
　　高出半尺的地方长着一朵红莲。
　　它孤零零地直立在那里，
　　突然被风吹到一边水面。
　　有一位渔人亲眼看见，
　　它现在离开原地点两尺之远。
　　请你来解决一个问题，
　　湖水在这里有多少深浅？

　　著名的"莲花问题"是印度古代数学家拜斯卡拉（生于公元1114年）用诗歌形式写成的，与我国《九章算术》中"池中之葭"十分相似，"今有池方一丈，葭（芦苇）生其中央，出水一尺。引葭赴岸，适与岸齐。问水深、葭长各几何？"诗题如画，令人难忘。你能解出来吗？

28 莲花献神

　　这是古代印度的一道数学题：
　　莲花若干朵，以其三分之一、五分之一、六分之一、四分之一分献四神，还余六朵，原有莲花多少朵？

29 精灵提水

中国的神话故事里常有各种神仙和妖魔鬼怪，外国的神话故事里常有各种精灵。有一个蓝精灵，住在大森林里。他每天从住地出发，到河边提水回来。他提空桶行走的速度是每秒5米，提满桶行走的速度是每秒3米。提一趟水，来回共需8分钟。

问蓝精灵的住地离河边有多远？

30 巧分遗产

古罗马有个很有钱的人家。正当全家为新的小生命即将降临而欢喜之际，丈夫突然得了不治之症。临终前留下遗嘱"如果生的是男孩，妻子和儿子各分家产的一半。如果是女孩，女孩分得家产的三分之一，其余归妻子。"丈夫死后不久，妻子就临产了。出乎意料的是，妻子生下一男一女双胞胎！这下妻子为难了：这笔财产该怎样分呢？你知道吗？

31 留下几头

从前有个农夫，死时留下几头牛，他在遗书上写道：

"妻子：分给全部牛的半数再加半头；
长子：分给剩下的牛的半数再加半头；
次子：分给还剩下的牛的半数再加半头；
长女：分给最后剩下的半数再加半头。"

结果是一头牛也没杀，也没有剩，正好全部分完。
请问农夫死时留下几头牛？

32 怎样分牛

从前，有个老农养了17头牛。他临终时，把三个儿子叫到跟前，留下遗嘱：长子分二分之一，次子分三分之一，幼子分九分之一，但不能把牛杀掉。说完就死了。这可难坏了弟兄三人。正在发愁之际，有个邻居牧牛归来，一听老农遗嘱，便帮他们把牛分好了。弟兄三人皆大欢喜。

请你猜猜，这位邻居用的是什么办法？

33 选驸马

相传古罗马有一位国王,他的女儿叫约瑟芬。公主才貌双全,求婚者络绎不绝。不过,美貌的公主已悄悄爱上了英俊的乔治。国王显然很疼爱自己的女儿,但却顽固地坚持要通过一种传统的仪式来选择驸马。

仪式是这样的:先由公主在求婚者中选出合适的10人,然后让10名求婚者围着公主站成一圈,接着由公主挑选任何一个人作为起点,并按顺时针方向逐个地数到17(公主的年龄),这第17个人必须退出求婚的圈子,意即淘汰,然后又接下去从1起再数到17,被数为第17的人又被淘汰,如此下去,直至只剩下一个人为止,这个人就是被选中的驸马。

怎样才能使得最后留下的是心爱的乔治呢?公主为此而苦苦思索着。她拿了10枚金币围成一圈,试了又试,从中悟出了道理,终于如愿以偿了!

你知道公主悟出的道理吗?

34 女神与缪斯

古希腊流传下来一个关于美惠女神和缪斯分享她们的金苹果与鲜花的故事片段,它的译文对趣题爱好者来说,居然暗含了一个题目。

三位美惠女神手中都持有四种不同颜色的玫瑰花(假定为粉红、白、红、蓝),她们遇到了九位拿着金苹果的缪斯神女。每位女神都送了一些玫瑰花给每位缪斯神女,而后者又给女神们回赠了一些金苹果。

互换礼品后,所有人手中都拿着同样数量的金苹果和同样数量的红、白、蓝、粉红色的玫瑰花。不仅如此,每人手中金苹果的数量也正好等于手中玫瑰花的数量。

试问:满足这些条件的金苹果与玫瑰花,至少应该是多少?

35 古印度的数学家为何要发笑

古印度有个传说:神庙里有三根金刚石棒,第一根上面套着64个圆金片,自下而上从大到小摆放。有人预言,如果把第一根石棒上的金片全部搬到第三根上,世界末日就来了(搬动时可借用中间的一根棒,但每次只能搬动一个金片,且大的不能放在小的上)。为了不让世界末日到来,神庙众高僧日夜守护,不让其他人靠近。这时候,一个数学家路过此地,看到这样的情景,笑了!他为什么笑?

为了说明问题,假定第一根石棒上有四个圆金片,自下而上从大到小摆放。如果借用中间的一根石棒,每次只能搬动一个金片,且大的不能放在小的上,需要多少次能把第一根石棒上的金片全部搬到第三根上?你最好动手试验一下,然后总结出计算规律,这样,你就明白古印度的数学家为何要发笑了。

36 丢番图的墓志铭

　　古希腊的大数学家丢番图，大约生活于公元前246年到公元330年之间，距现在有2 000年左右了。他对数学的发展做出过巨大贡献。

　　丢番图著有《算术》一书，共十三卷。这些书收集了许多有趣的问题，每道题都有出人意料的巧妙解法，这些解法开动人的脑筋，启迪人的智慧，后人把这类题目叫作丢番图问题。

　　但是，对于丢番图的生平知道得非常少。他唯一的简历是从《希腊诗文集》中找到的。这是由麦特罗尔写的丢番图的"墓志铭"。"墓志铭"是用诗歌形式写成的：

　　　　"过路的人！
　　　　这儿埋葬着丢番图。
　　　　请计算下列数目，
　　　　便可知他一生经过了多少寒暑。
　　　　他一生的六分之一是幸福的童年，
　　　　十二分之一是无忧无虑的少年。
　　　　再过去七分之一的年程，
　　　　他建立了幸福的家庭。
　　　　五年后儿子出生，
　　　　不料儿子竟先其父四年而终，
　　　　只活到父亲岁数的一半。
　　　　晚年丧子老人真可怜，
　　　　悲痛之中度过了风烛残年。
　　　　请你算一算，丢番图活到多大，
　　　　才和死神见面？"

　　请你算一算，丢番图到底活到多少岁？

37 七道门的果园

　　下面是一道古代意大利的数学题，是以果园为题材的。

　　一个人进果园采苹果。果园有七道门。出第一道门时，他给了看门人自己所采苹果的一半加一个苹果；出第二道门时，又给了看门人自己身边所有苹果的一半加一个苹果；以后的五道门也都照此办理。离开果园时，他只剩下一个苹果。

　　他在果园里一共采了多少个苹果？

38 棋盘与谷粒

古代印度有个国王叫舍罕王。有一次他下旨令要重赏他的宰相——西萨班·达依尔。因为达依尔有项奇妙的发明,就是他发明了国际象棋。舍罕王对达依尔说:"爱卿,你希望我给你什么奖赏啊?你大胆地说吧!我一定满足你的要求。"这位聪明的大臣看来胃口并不大,他跪在国王的面前不慌不忙地说:"陛下,请你在这张棋盘的第一个小格子内赏我一粒麦粒,第二个小格子内赏给两粒,第三个格内赏四粒,照这样下去,每一个小格子内都比前一小格加两倍。陛下啊,把这样摆满棋盘上的64格的麦粒都赏给你的仆人吧!""爱卿,你所要求的并不多啊。"国王马上说。国王的心里还为自己对这样一件奇妙的发明所许的诺言不用破费太多而暗自高兴。"你当然会如愿以偿的。"说着就令人把一袋麦子拿到宝座前。

计麦粒的工作开始。第一格放一粒,第二格放二粒……还不到第二十格,袋子已经空了。一袋又一袋的麦子被扛到国王面前来,但是麦子粒数一格一格地增长得那样迅速,很快就看出来,即使拿出全部印度的粮食,国王也兑现不了他对达依尔许下的诺言了。

你知道为什么吗?

39 铜像中的水管

这里有一个古代的流水问题,出自公元10世纪左右欧洲的《希腊文集》。题目是用诗的形式写成的:

这是一座独眼巨人铜像,
雕塑家技艺非凡。
铜像中巧设机关:
巨人的手、口、眼,
连接着大小水管。
藏在手中的管道,
三天将水池注满;
独眼中的水管需时一天;
口中吐出的水柱,
只需五分之二天。
三处同时放水,
空池几天能满?

40 逢城纳税

在公元7世纪时，亚美尼亚使用一种货币，叫作大黑康。当时的数学书里，有一道关于交税的有趣问题。题目是这样的：

某商人经过了三个城市，第一个城市向他征收的税是他所有钱财的一半又三分之一，第二个城市向他征收的税是他剩余钱财的一半又三分之一，到第三个城市里，又向他征收他经过两次交税后所剩钱财的一半又三分之一，当他回家的时候，剩下了11个大黑康。这位商人原来有多少个大黑康？

41 伽利略的问题

伽利略曾经提出这样一个问题：在一个又高又暗的城堡顶端，挂着一根细绳，看不见它的上端，只能看见它的下端，可又无法爬到高处去测量长度，有什么办法可以测出绳子的长度？

42 四个木匠

在17世纪俄罗斯的数学手稿里，有一些有趣的例题和习题。下面是其中的一个问题。

某人雇佣四个木匠造一所房屋。第一个木匠说，"如果我一个人造，需时一年。"第二个木匠说，"要是我一个人造，得有两年时间。"第三个木匠说，"如果我一个人造，非三年不可。"第四个木匠说，"我一个人造，没有四年是不行的。"

最后四个木匠一起来造他的房子。

问需多少时间把房屋造好？

43 有名的牛吃草的问题

牛顿的名著《一般算术》中,还编有一道很有名的题目,即牛在牧场上吃草的题目,以后人们就把这种应用题叫作牛顿问题。

"有一片牧场的草,如果放牧27头牛,则6个星期可以把草吃光;如果放牧23头牛,则9个星期可以把草吃光;如果放牧21头牛,问几个星期可以把草吃光?"

解答这道题时,假定牧草上的草各处都一样密,草长得一样快,并且每头牛每星期的吃草量也相同。

你会解这道题吗?

44 巴斯卡答赌徒

法国数学家巴斯卡尔认识两个赌徒,这两个赌徒向他提出一个问题。他们说,他俩下赌金之后,约定谁先赢满5局,谁就获得全部赌金。赌了半天,A赢了4局,B赢了3局,时间很晚了,他们都不想再赌下去了。那么,这个钱应该怎么分?

是不是把钱分成7份,赢了4局的就拿4份,赢了3局的就拿3份呢?或者,因为最早说的是满5局,而谁也没达到,所以就一人分一半呢?

这两种分法都不对。你知道正确答案吗?

45 文学家解数学题

在观看文艺节目时,常有"反串"节目助兴:影星反串唱歌,歌星反串演小品,等等。在做数学题的时候,偶尔也会碰上"反串"节目,同样非常有趣。大文学家托尔斯泰的业余爱好之一是做数学题,下面就是他做过的一道题目。

割草队要收割两块草地,其中一块比另一块大一倍。全队在大块草地上收割半天之后,分为两半,一半人继续留在大块草地上,另一半人转移到小块草地上。留下的人继续收割半天,到晚上就把大草地全收割完了,而小块草地还剩一小块没有割完。第二天,这剩下的一小块,一个人花了一整天时间才割完。问割草队中共有几人?

托尔斯泰是怎样解这道数学题的呢?

46 托尔斯泰喜爱的算题

一个木桶上方有两个水管。若单独打开其中一个，则24分钟可以注满水桶；若单独打开另一个，则15分钟可以注满。木桶底上还有一个小孔，水可以从孔中往外流，一满桶水需2小时流完。如果同时打开两个水管，水从小孔中也同时流出，那么经过多少时间水桶才能注满？

47 爱因斯坦做过的填数问题

下面是爱因斯坦做过的一个填数问题。

把9个数1、2、3、…、8、9填进图1中的各个圆圈，使图中7个等腰三角形顶点上3个数的和都相等。

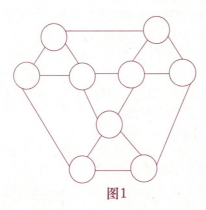

图1

48 充满活力的狗

拉塞尔和他的狗"斑点"居住在澳大利亚内地一个偏远的农场里。每个星期,他都会和斑点出去长途步行。这天早晨,他以每小时4英里的速度匀速步行。当离家10英里时,他开始原路返回,并解开了斑点脖子上的链条。斑点立刻以每小时9英里的速度向农场跑去。当斑点回到农场后又立刻调头向拉塞尔跑去,拉塞尔正在以每小时4英里的速度往回走。斑点和拉塞尔碰面后,斑点又返回农场,时速依旧是9英里。它来来回回地奔跑,直到拉塞尔回到农场后把它放进狗舍。在这段时间里,拉塞尔和斑点的时速一直分别保持在4英里和9英里。从斑点被解开链条到进入狗舍的这段时间里,一共跑了多少英里?

49 "15点"游戏

狂欢节开始了,今年出现了一种叫作"15点"的游戏。

艺人卡尼先生说:"来吧,老乡们。规则很简单,我们只要把硬币轮流放在1~9这9个数字上,谁先放都一样。你们放镍币,我放银圆,谁首先把加起来为15的3个不同数字盖住,那么桌上的钱就全数归他。"

我们先看一下游戏的过程:某妇人先放,她把镍币放在7上,因为将7盖住,他人就不可再放了。其他一些数字也是如此。

卡尼把一块银圆放在8上。

妇人第二次把镍币放在2上,这样她以为下一轮再用一枚镍币放在6上就可加为15,于是她以为就可赢了。但艺人第二次把银圆放在6上,堵住了妇人的路。现在,他只要在下一轮把银圆放在1上就可获胜了。

妇人看到这一威胁,便把镍币放在1上。

卡尼先生在下一轮笑嘻嘻地把银圆放到了4上。妇人看到他下次放到5上便可赢了,就不得不再次堵住他的路,她把一枚镍币放在5上。

但是卡尼先生却把银圆放在3上,因为8+4+3=15,所以他赢了。可怜的妇人输掉了这4枚镍币。

该镇的镇长先生被这种游戏所迷住,他断定是卡尼先生用了一种秘密的方法,使他比赛时怎么也不会输掉,除非他不想赢。

镇长彻夜未眠,想研究出这一秘密的方法。

突然他从床上跳了下来,"啊哈!我早知道那人有个秘密方法,我现在知道他是怎么干的了。真的,顾客是没有办法赢的。"

这位镇长找到了什么窍门?你或许能发现怎么同朋友们玩这种"15点"游戏而不会输一盘。

50 为什么少了一元钱

楠楠的妈妈下岗后,在市场卖茶叶蛋,生意还不错。双休日到了,楠楠帮妈妈卖蛋,她把蛋分成两份:大茶叶蛋30只,一元两只;小的、有点碎的有30只,一元三只。很快,茶叶蛋卖光了,共收入[1×(30÷2)+1×(30÷3)]元=25元。

下午,楠楠又去市场卖茶叶蛋,还是60只。她想,分蛋很麻烦,干脆我把蛋放在一起搭配着卖。大的一元两只,小的一元三只,合起来就是两元五只,价格和上午的一样。很快,茶叶蛋又卖完了。可是,楠楠一点钱,发现下午只卖了24元钱。

同样是60只茶叶蛋,价格不变,只是用不同的方式卖,为什么下午会少卖一元钱呢?

51 回文数的策源地

什么是回文数呢?简单地说,如果一个数字从左至右读过去与从右至左读过去,其读法完全一样,则这个数就叫回文数,例如121,2 002。99也是一个回文数,但奇妙的是99又是回文数的重要策源地。即99与一个两位数相乘,若后者的个位数和十位数的数字之和正好等于10(如28,37,……,91)的话,那么它同99的乘积就肯定是一个回文数,如$99 \times 19 = 1881$,$99 \times 37 = 3663$,……不仅如此,从99衍生出来的一系列数字,如999,9999等多位数,也有类似的性质。如$999 \times 28 = 27\,972$,$99\,999 \times 64 = 639\,993\,6$……由此可见,这个规律可以一直继续下去,直到位数无穷大。既然如此,何不干脆地说,此规律是从9开始的,因为$9 \times 37 = 333$,$9 \times 19 = 171$,$9 \times 28 = 252$,$9 \times 46 = 414$。

那么,9到底是不是回文数的策源地呢?

52 抢一百

"抢一百"是我国民间流传很广的儿童游戏,玩法十分简单:两人从1开始轮流报数,每人每次至少报一个数,至多报五个连续的数,最先报到"100"的人获胜。这个游戏先报数的人只要把握契机必然取胜!你知道这个"契机"吗?

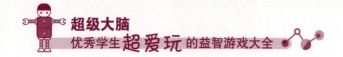

53 足球上的数学

我们平时看见的足球是用黑白两种颜色的皮缝制而成的。黑皮是正五边形的，白皮是正六边形的，那么如果其中黑皮有12块，白皮有多少块？

这就是一个足球几块白皮的数学问题。提示一下：利用"所有正六边形的总边数＝所有正五边形的总边数"来求解。

54 地震九宫格

汶川地震5月12日、海地地震1月12日、智利地震2月27日，把这三个日期的数字排列在一起，会发现一个"奇异"的现象，不管横着看还是竖着看，看到的数字都是512、112、227（如图）。

    5 1 2 汶川
    1 1 2 海地
    2 2 7 智利
    汶 海 智
    川 川 利

这个"地震九宫格"的帖子一度在网上疯传，吓唬了不少网友。其实这并不可怕，更没什么神秘可言，只是技术含量不算高的数字游戏，你明白吗？

55 出生年份

有一次，小高在翻阅一本古代文献时，看到上面写着有个人在公元前10年出生，在公元前10年的生日前一天死去，于是他推算出了这个人死时的年龄。

你知道正确的计算方法吗？

56 魔鬼巧合2025

2011年日本"311"大地震后,各大BBS网站上面曾经疯传的一道"2011+3+11=2008+5+12"数学公式也"震"惊无数网友。等号左边的数字是日本地震发生的日期,而右边则是中国汶川地震发生的日期。两个不同国家、不同时间发生的强震,其日期数字相加结果竟然都等于"2025",许多网友将这一数字巧合称为"魔鬼巧合"。

这其实根本就没什么神秘的,你知道其中的原因吗?

57 魔术中的数学

魔术师从一副扑克牌中抽出21张,对一位观众说:"请你默记其中一张牌"。观众看了看,记住了其中一张。魔术师把牌洗了一遍,然后在桌面上分牌。见下表,把第一张放在表中1的位置上,第二张放在2的位置上,……,最后一张放在21的位置上,牌面均向上。摆成三组,每组7张。此时问观众,默记的牌在哪一组。当观众说出在某组后,魔术师分别把三组牌收拢起来,收拢时保持牌在组内的先后顺序不变。再把收拢好的三组牌叠起来拿在手中。叠的时候暗中将观众确认有默记牌的那组放在中间一层。魔术师不再洗牌,随即开始第二次分牌。分法如前,把第一张放在表中1的位置上,第三张放在2的位置上……然后问观众默记的那张牌现在在哪一组。当观众说出所在组后魔术师如前再次收拢,叠起。然后进行第三次分牌,分好后再次问观众默记的牌在哪一组。当观众指出所在的组后,魔术师此时毫不犹豫地从该组中抽出一张牌来,此牌恰是观众默记的那一张,博得一片掌声。

第一组	第二组	第三组
1	2	3
4	5	6
7	8	9
10	11	12
13	14	15
16	17	18
19	20	21

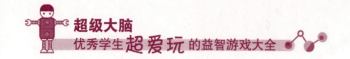

58 用QQ号算年龄

用QQ号算年龄，整个算法分为以下九步：
（1）获取你QQ号码的第一位；
（2）用你QQ号码的第一位乘以5；
（3）把这个数加上8；
（4）再把所得的结果乘以20；
（5）如果你的生日过了，加1 849，如果没过，加1 848；
（6）把所得结果减去你的出生年份；
（7）现在你会得到一个3位数；
（8）百位上的数字就是你的QQ号码的第一位；
（9）十位和个位就成了一个两位数，用这个数加上2就是你的年龄了。
准不准？

59 奇怪的年龄

一个年轻女孩在被人问到自己的年龄时是这样回答的："我后天到22岁。不过，去年元旦我还是十几岁的人。"注意，年龄必须是满岁。

你认为这种情况可能出现吗？

60 出生年份末两位数+年龄=111

"2011年有4个特别日期，1/1/11，1/11/11，11/1/11，11/11/11。这还不算完：用你的出生年份的最后两个数字加上你今年的年龄，最后的结果将是111！所有人都一样！"进入2011年后，这条号称"2011最神秘的短信"在手机用户间疯狂转发，还延伸出了不同的变种。莫非里面真有神奇的定数？一位一线数学老师看过以后哈哈大笑说，这只是一个简单数学计算题，用到的还只有加减法，相当于小学一二年级的运算水平。

你明白是怎么回事了吗？

61 混淆不清的日子

英国人和美国人对日期都有一种习惯写法，例如3月12日，英国人写成3/12，而美国人则写成12/3。在其他国家的人看来，这个日期很容易混淆，因为12/3（或3/12）可以看成3月12日，也可以看成12月3日。你能在一分钟内，算出一年中会出现多少这种混淆不清的日子吗？

第6章

认知思维

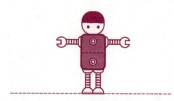

  认知思维是指人脑加工、储存和提取信息的思维能力，即人们对事物的构成、性能与他物的关系、发展的动力、发展方向以及基本规律的把握能力。与其他思维类型相比，认知思维的最大特点是需要一定的知识储备，才能得出正确的结论。储备在头脑中的知识，多数来源于自身所受的教育，也可以来源生活常识。

1 奇妙的气泡运动

取透明玻璃瓶一只装入一些自来水，拿在手上一摇晃，产生的气泡纷纷上浮。你仔细观察，会发现大气泡上升得快，小气泡上升得慢，有些极小的气泡要过很久才能浮到水面。这是因为气泡越大，它所受到的水的浮力也越大，所以大气泡自然上升得快。

在一段玻璃管中装入水，摇晃使水中产生气泡，你会发现小气泡比大气泡上升得快。这又是为什么呢？

2 烟灰是什么

用镊子夹住一个大头针，放到烛火中烧一下拿出来，针上马上就盖上了一层烟灰，变成一个黑色针。再把黑色针直立地放入火中，烧一会儿移出，这时我们就会看到，针上的烟灰不见了，针又恢复了原状。为什么？

3 水为什么能灭火

小兔子因为不小心把家里的蜡烛打翻了，在蜡烛附近有一些报纸，这样蜡烛上的火苗就越来大，小兔子见到火势越来越大，吓得不知道该怎么办了。幸好，此时路过小兔子家的山羊爷爷看到了这一场景，山羊爷爷大喊："小兔子，快点找水来灭火呀！"

经过山羊爷爷的提醒，小兔子才醒悟过来，赶紧从不远处的小河里提了一桶水过来，把火苗给扑灭了，看着被烧得一塌糊涂的窗户，小兔子很伤心，不过它还是没有忘记感谢山羊爷爷："山羊爷爷，谢谢您的提醒！"山羊爷爷笑着说："不用客气，以后一定要记着水是能灭火的啊！"小兔子点点头，笑了。

你知道水为什么能灭火吗？

4 奥运会比赛中的化学知识

2008年奥运会在北京举办，2012年的奥运会在伦敦举办。看奥运比赛过程中，有些细节涉及化学知识，你知道其中的原理吗？

（1）运动会上用的发令响炮发令时为什么会产生大量白烟？

（2）为什么游泳池里的水是湛蓝色的？

（3）为什么举重运动员在举重前将双手伸入盛有白色粉末的盆中，然后摩擦手心？

（4）为什么体操运动员在做单杠运动前双手也涂上白色粉末？

5 放烟花的铁

小鹿想多学点化学知识,就去找山羊老师讨教。在去山羊老师家的路上,遇到小熊哥哥在放烟花,好奇的小鹿忙着奔跑过去,可是跑近了一看,小熊哥哥并没有放烟花,而是正在用火烧铁呢!小鹿赶忙走到跟前,问小熊哥哥:"小熊哥哥,我以为你在放烟花呢?等我跑近了才看见你是在烧铁!可是为什么跟放烟花差不多呢?"小熊哥哥一听,乐了:"这是因为铁在燃烧时,也会迸发出一些火光,离得远的话就看到像是烟花!"可是小鹿还想弄明白为什么铁会燃烧,小鹿只好到山羊老师那里寻答案了!

你知道铁为什么会燃烧吗?

6 让人发笑的气体

课间,聪聪因为早上没有睡够觉,觉得很困,就趴在课桌上睡觉,可是没有多大一会儿,上课铃声就打响了,老师也走进了教室。老师一上讲台就对同学们说:"大家知道人高兴的时候,脸部表情会是什么样子的吗?"同学们纷纷回答:"当然高兴的时候,人会咧着嘴笑了!"老师点点头接着说:"对,回答得很好。那么,这堂课就让我们来认识一种新的气体成员,它可是有很大的作用的!它能让你高兴,并哈哈大笑哦!"

你知道老师讲的让人发笑的气体是什么吗?

7 墙上出汗

春天到了,聪聪同学家的屋墙用白灰刚刚粉刷一新,可是两天以后,聪聪好奇地指着墙问爸爸:"墙怎么出汗了?"爸爸笑了笑把问题回答了。谁能猜到聪聪的爸爸是怎么回答的吗?

8 月亮围着地球转

中秋节的晚上,聪聪一家人边吃月饼边谈论各种知识,有传说,也有自然知识。爸爸兴致突发,找来一个直径大约是1厘米的打孔珠子,还有一个装着沙土的沙包,另外还有一根绳子。只见爸爸用绳子的一端绑紧沙包,另一端穿过珠子的小孔,然后打紧。再将小珠子举过头顶来甩动,等到加速到一定程度的时候,松开手再向前甩去,这时候就会看到沙包带着珠子一起向前飞行,而且珠子绕着沙包转动。爸爸微笑着问聪聪:"你知道这个游戏说明了什么吗?"聪聪拍着脑袋问:"您说的是月球的转动吗?"爸爸点了点头。

你知道聪聪是依据什么原理推断爸爸的游戏是说月球转动的呢?

9 即兴诗

一位诗人在一个晚会上诗兴大发,他大声朗诵他的即兴诗:

　　天边,弯弯的月儿放光明。
　　光明的月儿好像银色的拱门。
　　拱门中,一颗孤独的星星在发光,
　　就像夜行人手里提着的灯。

一位科学家当即指出他这首诗里知识性的错误。你读了以后能提出错在哪里吗?

10 海市蜃楼

平静的海面、大江江面、湖面、雪原、沙漠或戈壁等地方,偶尔会在空中或"地下"出现高大楼台、城郭、树木等幻景,称为海市蜃楼。我国山东蓬莱海面上常出现这种幻景,古人归因于蛟龙之属的蜃,吐气而成楼台城郭,因而又称为"蜃景"。

自古以来,蜃景就为世人所关注。在西方神话中,蜃景被描绘成魔鬼的化身,是死亡和不幸的凶兆。我国古代则把蜃景看成是仙境,秦始皇、汉武帝曾率人前往蓬莱寻访仙境,还屡次派人去蓬莱寻求灵丹妙药。现代科学已经对大多数蜃景做出了正确解释,你知道其中的奥秘吗?

11 回音壁

你去过北京天坛公园吗?你一定记得在天坛公园里的回音壁。可为什么回音壁会传播声音呢?

12 令人深思的水壶

"自满的人,没有不摔跤的",这个道理古人就知道。有趣的是古人制成了一种特殊的酒壶来说明这个道理。我国伟大的学者孔子周游列国的时候,在鲁恒公庙里的案桌上看到一个半躺的奇形怪状的水壶。孔子不知道它的用途,就恭敬地问守庙的人。守庙的人回答说,这是君王用来防止骄傲的座右铭酒壶。孔子对他的弟子说,以前我听说过一种酒器,不盛酒时是倾斜的,酒盛到一半的时候就能站立起来,盛满了酒就会翻倒。但是从来没有见过,咱们来试一试。学生舀来一瓢清水一试,果然如此。这种水壶是古代人用来到池塘里打水的一种容器。刚接触水面的时候,水壶是空的可以躺在水面上,等水灌到一半的时候就会自动站立起来。

你知道它的秘密在哪里吗?

13 摔不倒的小丑

每当看马戏表演时，我们都被台上的小丑逗得哈哈大笑。戴着一顶尖帽子，穿着一双大皮鞋以及在台上前仰后合，醉态百出，总像要摔倒的样子，可却总也摔不倒。这里有什么奥妙？

14 影子是怎么来的

晚上，明明和爸爸妈妈一起去公园里面散步，公园里面有好多的人，有的在唱戏，有的在跳舞，有的在拉二胡，还有的提了只水桶在地上练字，好热闹啊！

明明突然看到了自己的影子，而且随着距离灯光的远近，她的影子在不断地变化着。她又看看旁边的爸爸妈妈的影子，也是一样的在变化着。于是，明明问旁边的妈妈："妈妈，为什么我们会有影子呢？"妈妈说："影子是我们生活中再熟悉不过的朋友，它常常像一个或大或小的尾巴跟着我们。它的由来是因为光的作用，你试试用自己学过的物理学上的光的原理来解释一下这个问题。"

明明想了一会儿就想出来原理了，你知道这是什么原理吗？

15 最大的影子

法国物理学家居里夫人，与丈夫——物理学家彼埃尔·居里在贫困而艰难的条件下坚持物理学研究，并发现了镭。后来，居里不幸被载货马车撞死。居里夫人在公公的支持下，带着两个孩子继续坚持研究工作，取得了很大成就。一次，当孩子向她讨教成功的奥秘时，她对孩子说出一番发人深省的话："我们考虑问题，一定要越出生活的圈子，去探索现象的一些极限状态，如极大、极小等。例如，我们立足的地球和银河系相比，真好像太平洋上的浮游生物，沧海一粟！好了，孩子们，这也是智力训练的绝好话题。那就让我来问问你们，迄今为止，你们见到的最大的影子是什么影子呢？如果你们有一双观察自然的锐眼，问题不难解答。"你有这双锐眼吗？

16 钻木取火

在我国古代神话传说中，是谁发明了"钻木取火"？如何从物理学的观点理解钻木取火？它使人们对热的本质认识有何突破？

17 能点燃吗

在一次宇宙飞行中,航天飞机降落到一个奇怪的星球上,这里只有一种气体——氢气。因为没有一点儿光亮,无法观察地形地貌。于是,宇航员点燃了打火机照明。

请问:宇航员能点燃打火机吗?如果点燃了会出现什么情况?带来光明还是引起爆炸?

18 书为何发黄了

三年前的一本漫画书被灵灵不小心翻了出来,书上的内容还是依旧有趣,只是书页已经变黄了。灵灵心想:书也和人一样会变老吗?

爸爸告诉灵灵:"因为书中有纤维,纤维是会老化的。"

"可是,纤维是如何老化的呢?"灵灵的问题让爸爸感到头疼了,不知道该如何回答女儿的问题。

妈妈走过来说:"其实书和报纸一样,放置时间长了就会变成那样!"接着妈妈又给灵灵讲了其中的道理,灵灵终于明白书为何会发黄了。

如果你是灵灵的妈妈,你会如何解释给灵灵听呢?

19 为什么衣服被挂破总是呈直角形的

当衣服的某一点被一个东西挂住,而人又给了一个反方向的拉力时,会对布造成破坏力。这时的破坏力应该和拉力的方向是一致的,为什么会出现直角两个方向的破坏呢?

20 刮风时的"嗖嗖"声

强劲的风一旦碰上电线或树枝这种细长的东西时,就发出"嗖嗖"的声响。你知道为什么吗?

21 冬天池塘里的水

给洗澡水加热。温度一上升，水就开始膨胀、变轻，热水渐渐向上面集中。洗澡前，要搅动一下澡盆里的水，因为上面的水热，下面的水凉。但是，在冬天的池塘里，情况就大不相同了，下面的水比上面的热。

你知道为什么吗？

22 一泻千里

有句成语叫"一泻千里"，本指江河水势汹涌，奔腾直下，后比喻文笔流畅，气势奔放。请你从科学的角度分析一下，为什么江河会"一泻千里"？

23 随波逐流

有句成语叫"随波逐流"，意思是随波浪而起伏，随流水而漂荡，比喻跟着别人行动。请你从科学的角度分析一下，为什么水里的物体会"随波逐流"？

24 水往低处流

俗话说"人往高处走，水往低处流"。"人往高处走"只是一种文学手法，倒没有什么科学含义，但"水往低处流"确实是符合科学道理的。

你知道是什么科学道理吗？

25 一滴水可见太阳

俗话说"一滴水可见太阳"，事实也的确如此。

你知道其中的科学道理吗？

26 绳锯木断，水滴石穿

我国民谚有云："绳锯木断，水滴石穿"，事实也的确如此。
你知道其中的科学道理吗？

27 软也是水，硬也是水

有句话叫"软也是水，硬也是水"。这句话看起来十分矛盾，但从自然科学的角度讲，却是正确的。
你知道其中的科学道理吗？

28 坐井观天，所见甚少

我们都知道"坐井观天"这个成语故事，但现在要问你的是：如何从自然科学的角度理解"坐井观天，所见甚少"这种现象呢？

29 玉不琢，不发光

日本民谚有云："玉不琢，不发光"，事实也的确如此。
你知道其中的科学道理吗？

30 冰寒于水

《荀子·劝学》中有这样一句话："冰，水为之，而寒于水。"后人从这句话中归纳出一个成语"冰寒于水"，意思是冰比水冷，比喻事物经过一定变化可以提高，现在多指后来居上，也比喻学生胜过老师。
你知道其中的科学道理吗？

31 冰冻三尺，非一日之寒

俗话说"冰冻三尺，非一日之寒"，表面意义是冰冻了三尺，并不是一天的寒冷所能达到的效果。这句俗语比喻一种情况的形成，是经过长时间的积累、酝酿的。但现在要问的不是这句俗语的用法，而是它蕴含的科学道理。

你知道答案吗？

32 雪落高山，霜降平原

我国民谚有云："雪落高山，霜降平原"，事实上也的确如此。
你知道其中的科学道理吗？

33 霜前冷，雪后寒

我国北方有句谚语"霜前冷，雪后寒"，是否正确？其中有什么科学道理？

34 霜后暖，雪后寒

我国民谚有云："霜后暖，雪后寒"，事实也的确如此。
你知道其中的科学道理吗？

35 朝霞不出门，晚霞行千里

"朝霞不出门，晚霞行千里"是我国劳动人民在长期生活当中总结的气象谚语，其中寓意着什么样的科学道理呢？

36 月晕而风，础润而雨

我国民谚有云："月晕而风，础润而雨"，意思是月晕出现，将要刮风；础石湿润，就要下雨。这句民谚已经成为一句成语，比喻从某些征兆可以推知将会发生的事情。

你知道这句民谚有什么科学道理吗？

37 雾里山疑失，雷鸣雨未休

郑板桥的诗《江晴》中有这样两句："雾里山疑失，雷鸣雨未休。"
你知道写了什么自然现象吗？成因又是什么？

38 池水映明月，潭清疑水浅

"池水映明月"和"潭清疑水浅"分别是两首古诗中的一句，但是连在一起却别有风味，也表明了一种科学道理。

你知道是什么道理吗？

39 香炉初上日，瀑水喷成虹

唐代孟浩然的《彭蠡湖中望庐山》诗中有这样两句："香炉初上日，瀑水喷成虹。"
你知道其中的科学道理吗？

40 船到江心抛锚迟，悬崖勒马早已晚

我国民谚有云："船到江心抛锚迟，悬崖勒马早已晚"，事实也的确如此。
你知道其中的科学道理吗？

41 赤橙黄绿青蓝紫，谁持彩练当空舞

"赤橙黄绿青蓝紫，谁持彩练当空舞"出自毛泽东的词《菩萨蛮·大柏地》。这句词说的是一种什么自然现象？你知道其中的科学道理吗？

42 坐地日行八万里，巡天遥看一千河

毛泽东有一句诗：坐地日行八万里，巡天遥看一千河。这并非只是诗人的夸张艺术，其中蕴含了丰富的科学道理。你知道吗？

43 诗词中的自然现象

请你先品味下面两句诗词：

北国风光，千里冰封，万里雪飘。
欲渡黄河冰塞川，将登太行雪满山。

前一句出自毛泽东的《沁园春·雪》，显示了冰雪的震慑之美。后一句为李白《行路难》，展示了冰封江河，大雪封山给行路带来的艰难。这是不同时代、不同人物的诗词，但其中蕴含的科学道理却是一致的。你知道是什么吗？

44 地震声音

我国民谚有云："大的地震声音沉，小的地震声音尖"，事实也的确如此。你知道其中的科学道理吗？

45 《闪闪红星》中的主题歌词

你一定看过电影《闪闪红星》吧，这部电影的主题歌词有这样一句："小小竹排江中游，巍巍青山两岸走。"
你知道其中的科学道理吗？

46 被地球偷走的煤

有一艘船从北极圈附近某港口运了6 000吨煤到新加坡,到了新加坡以后,却发现少了22吨,可是半路上煤并没有任何损耗或丢失。

你说这种事可能发生吗?

47 铝钉和铁钉

盒子里混杂形状、大小一样的铝钉和铁钉,现在需要用铝钉,你能把它们找出来吗?

48 巧辨金属棒

有两根外观一模一样的金属棒,其中一根是磁铁,另一根是铁棒。只准用它们自己,你能分辨出磁棒来吗?

49 盲人分衣

有两个盲人一起去买衣服,每个人各自买了一件黑衣服和一件白衣服。他们把四件衣服放在一起,回家后才发现衣服已经混了,而且黑衣服和白衣服的质地大小都是一样的,所以他们无法分开。你能想到一种方法可以分开黑衣服和白衣服,让他们每个人都各有一件吗?

50 哪一只上升得快些

有两只大小相同的气球,里面装了同样质量的氢气,一只是白色的,一只是黑色的。在晴朗的白天,把它们同时放出去,请问哪一只上升得快些?

51 冬天的铁器与木器

在冬天的早晨,走出屋子,用手去拿铁桶和扁担,你会觉得铁桶比扁担的温度低得多。是不是在相同的气温下,铁器比木器温度低呢?

52 镜子中的影像

想象你在镜子前,请问,为什么镜子中的影像可以颠倒左右,却不能颠倒上下?

53 防雷击

一天放学回家时,突然下起瓢泼大雨,还夹着电闪雷鸣。力力和平平正走到一棵大树下,他俩就靠着大树避起雨来。这时,过来一位老爷爷,急忙将他们拉到便道上,对他们说:"在树下避雨是十分危险的,有的人就是在树下和高墙下避雨被雷击死的。以后千万记住不要再这样避雨了。"他们连忙谢过老爷爷,然后冒雨向家里走去。

第二天,上物理课时,他们向老师讲述了放学避雨的情况。老师说:"老爷爷说得对。雷电是自然界中一种大规模的放电现象,它可以在云块和地面之间产生。当带电的云块接近地面时,地面会因静电感应而带上异种电,于是云块和地面之间可以产生剧烈的放电现象。而这时的电最容易通过什么放出呢?放出的电可将触电的物、人、畜烧毁,这就是雷击。"他们二人想了想说:"明白了。"

到底这种放电最容易通过什么放出呢?

54 自行车上的物理原理

人人都喜欢骑自行车,但是,谁仔细观察过,并能说出在自行车上至少有八项物理原理的应用。每项原理只能提到一次。

55 自行车上的学问

自行车的前轮叉为什么要向前弯？
自行车的后轮胎为什么比前轮胎磨损得快？

56 向前还是向后

在自行车下面位置的脚踏上，系一根绳子，将绳子往自行车后方一拉，自行车会向前移动还是向后移动？

57 蓄水池中的科学

一蓄水池有两个出水口用来放水，一个口在池的底部，另一个则连在靠近池顶部的位置，但出水口和先前那个在相同的水平面上。不考虑诸如摩擦等复杂因素，你知道哪个出水口水流的速度快一些呢？

58 水里的学问

（1）杯子里装有水，水上放一块冰，水已满杯。冰融后水会溢到外面来吗？
（2）水池里有一条装满铅块的船，如果把铅块从船上拿出来，丢进水池，池水高度是否发生变化？

59 哪边重

天平的一只盘子上放着盛满清水的水桶。另一只盘子上放了一只一模一样的水桶，也同样盛满清水，只是水上浮着一块木块。试问：天平的哪一边要向下落呢？

答案是不同的。有些人说有木块的那一边一定向下落，因为"桶里除水之外还多了一块木块"。另外一些人却提出相反的意见，认为应该是没有木块的那一边落下去，因为"水比木块更重"。

你说呢？究竟应是哪一边重？

60 谁把瓶塞盖紧了

妈妈告诉伟伟灌暖水瓶时，不要灌得太满，瓶内有一定空隙，保温效果好。于是，伟伟把刚烧开的水灌进暖水瓶时并没有灌满，顺手将瓶塞放上去，根本没塞紧。可是，第二天他倒水的时候，瓶塞却紧得要使劲才能拔出来。

伟伟不懂这是什么原因，就去问爸爸，爸爸说："因为热水瓶内的水不满，瓶中受热膨胀的空气就会顶开瓶塞逃出一些。随后，由于瓶内水温下降，瓶内空气的体积也会相应缩小，逃出去的空气补充不进来，瓶塞内外就形成了一个压强差。这样的后果会怎样呢？伟伟连声说："我懂了。"你明白了吗？

61 海员的玩笑

有的海员常和没有经验的旅客开玩笑，用很长的绳子把一塞紧瓶塞的空瓶子系上重物沉入很深的海里。当把瓶子提上来时，里面竟装满了海水！旅客很惊讶，因为瓶塞仍在上面紧紧地塞着。你知道为什么吗？

62 锉刀趣题

你能用一把平锉刀，在薄铁皮上锉出圆形、正方形和长方形的孔吗？

63 急刹车

飞快骑自行车的人，当他遇到紧急情况，突然用前闸刹车时，车身后部会跳起来，甚至整个车身会以前轮为支点向前翻倒。这是因为前轮虽然已经停止运动，但是后轮和人由于惯性却还继续向前运动的结果。那么，刹住后轮，为什么前轮向前冲的惯性不会使车子翻倒呢？

64 汽水瓶与冰块

走在街上，常常看到卖冰镇汽水的小贩把汽水瓶放在冰块上。请问科学方法应该是放在冰块上面，还是冰块下面？这是什么道理？

65 毛巾包冰棍

夏天天气很热，洋洋从外边回家又热又渴，他向姐姐要钱买冰棍。家里没有广口保温瓶，拿什么装呢？姐姐给了他一块干毛巾，让他用来包冰棍。洋洋心想，冰棍怕热，毛巾最好要冷却一下，于是将毛巾放在冷水中浸湿了。姐姐见了说："湿毛巾包冰棍化得更快。"但洋洋不服，可姐姐又说不出道理。

你说到底什么毛巾包冰棍化得快？

66 夏日冰水

夏日气温很高,一位过路人走到一个农家小院时,见一农妇正在院子里干活。于是他提出想要一些凉水喝。农妇取来一瓦罐水,又用湿毛巾把罐包起来,放在太阳底下曝晒。这位过路人心想,我明明要的是凉水,她怎么给我加温呢?过了一会儿,农妇把瓦罐取来了,过路人一喝,果然非常凉。

你能说出其中的道理吗?

67 冰与水

在我们很小的时候,就明白了"热胀冷缩"的道理,但是有一种很特别的物质却并不遵循这个道理,那就是水,有时候它是"冷胀热缩"。经过多次的实验得出结论:当水结成冰时,其体积会增长1/11,以这个为参考,你知道如果冰融化成水时,其体积会减少多少吗?

68 油水混合

向一个透明的小玻璃瓶中注入半瓶清水,再倒进一些菜油。这时候,油漂在水面上,界限分明。用手摇晃玻璃瓶,强迫油和水混合,静置一会儿,油和水又分成上下两层。这时再往小玻璃瓶里加一点洗涤剂(或洗衣粉),然后充分摇晃瓶子,再观察,就可以看出油和水不再分为两层,而是混合在一起了。这是为什么呢?

69 哪种灯靠灯丝直接发光

小红问:"我们常见到的电灯有白炽灯、高压水银灯、高压钠灯和霓虹灯,哪种灯是没有灯丝的?哪种灯是靠灯丝直接发光的?"有的同学说都有灯丝。有的说只有霓虹灯没有灯丝,有灯丝的全靠灯丝直接发光。

那么,哪种灯靠灯丝直接发光呢?你弄懂了吗?

70 荡秋千

想体会一下惊心动魄的感觉吗？最简单的办法就是荡秋千。当秋千从高处摆下来的时候，风在耳边呼啸，大地在脚下晃动。可惜，有的同学不会打秋千，要靠别人来推。推一下，摆不了几次，摩擦阻力就会使秋千停下来。

荡高秋千的关键是身体动作要和秋千的摆动配合好。随着秋千要有节奏地一起一蹲，当秋千由后面从高处向下摆的时候，人要由站立的姿势突然下蹲，随着向前面升高时，又要重新站立起来。向后摆的时候也是这样。人体重心位置的不断变化，促使秋千不断荡高。在秋千板上不断地站立和蹲下要消耗身体的能量。仔细地体会一下，会发现这比在地面上站立和下蹲要费力。也就是说，荡秋千的时候你要付出更多的能量使秋千升高。

人体付出的能量是如何转移到秋千上去的呢？

71 气球能飞多高

节日时，你能在小贩的手里买到充了氢气的气球。卖气球的小贩随身带着一个装有氢气的钢瓶。把气球的口套在钢瓶的嘴上，一拧开气瓶的开关，气球就撑大了。你一定会小心地抓住系气球的绳子，一旦松手气球就会冉冉上升，越飞越高。气球能不能越飞越高，飞出地球呢？

72 谁把瓶子打破

严寒的冬天，要是有人向你要一瓶冰，你大概会以为这是一件容易办到的事。找个瓶子灌上水，放在室外冻上一夜，一瓶冰就到手了。然而事情并不这么简单，冰是弄到了，瓶子却破裂了。为什么？

73 小窗户开在哪里好

为了调节温度，通风换气，许多房子除了要有大窗户，还要有小窗户。那么，小窗户安在什么地方好呢？是安在大窗户的上方还是下方？

74 横着拴的绳子为什么拉不直

晾衣服的绳子，用多大的力量才能把它拉直，中间一点也不会下垂呢？无论用多大的力也不可能做到这一点。为什么？

75 冰箱不能当空调

炎热的夏开，当你打开冰箱门的时候，一股凉气向你袭来，十分舒服。那么总把冰箱门开着，屋子里是不是会凉快一些呢？不会，过一段时间以后，屋子里会更热。为什么？

76 浮沉娃娃

科学家笛卡尔发明过一个曾受到儿童喜爱的浮沉子玩具。找一个高一点的玻璃杯（在学校里最好使用量筒）向里面注入清水。再找一个可以在水里漂浮的塑料娃娃（用一个小药瓶代替也可以），在娃娃的下面打一个小洞，装进一些能进不能出的长圆形的小石子，一边装石子一边放在水里试，要让塑料娃娃刚好在水里浮起（只露出一个脑袋顶，不要把小孔封死）。把小娃娃放在水杯里，杯里的水要灌得满满的。用手掌盖住杯口，一点气也不要漏。手向下一压，小娃娃就沉下去；减轻压力，小娃娃就会浮上来。这是一个非常听话的小娃娃。如果你的手盖不严杯口，可以用一个破气球的橡皮膜盖在杯口，用绳子牢牢地捆住，一点气也不要漏。用手压一下橡皮膜，小娃娃就会沉下去；松开的时候，小娃娃就会浮起来。
你知道其中的原理吗？

77 香槟酒的泡沫

伦敦泰晤士河的底下有一个过江的隧道。据说在庆祝隧道通车的时候,发生过这样的趣闻:喝了大量香槟酒的客人在走出隧道的时候,突然感到酒在肚子里翻腾,礼服顿时被撑得鼓起来。一些客人又被迅速地送回地下,肚子里的香槟酒才平息下来。这是怎么一回事呢?

78 镜子闯祸

美国加利福尼亚州洛斯加托斯市一个3 300平方米的住宅突然起火,在很短时间内便将整幢建筑及两辆汽车付诸一炬,损失达30万美元。消防队员赶到现场查看火灾原因时,惊奇地发现,惹祸的竟是一面镜子。镜子怎么会惹祸呢?

79 埃菲尔铁塔的谜团

享誉世界的埃菲尔铁塔,是法国首都巴黎的代表性建筑。它高300米,总质量达7 000多吨。但是在它建成之初,有三个谜团困扰了人们很久:
（1）这座铁塔只有在夜间才是与地面垂直的;
（2）上午,铁塔向西偏斜100毫米;到了中午,铁塔向北偏斜70毫米;
（3）冬季,气温降到零下10摄氏度时,塔身比炎热的夏季时矮17厘米。
当有人问铁塔的设计者埃菲尔时,他合理地解释了这些问题。
你知道其中奥妙吗?

80 无后坐力炮

在反映第二次世界大战的影片中,我们也常能看到士兵们肩扛着无后坐力炮击毁敌人巨大坦克的情景。无后坐力炮的炮身可以做得很小巧,发射炮弹时无后坐力,这是它骄人的长处。一辆卡车就可以装好几门大口径无后坐力炮,可是同样威力的一门野战炮则有几吨重呢。
这种小巧的炮为什么无后坐力呢?

81 能在水面上跳跃的炸弹

第二次世界大战的时候，英国人想轰炸德国人的沿海工事。但是飞机很难接近有高射炮保护的海岸。于是一名工程师利用"打水漂"的原理设计了一种炸弹。当飞机从距海岸较远的地方投下这种炸弹后，炸弹能够在水面上一蹦一蹦地接近海岸。到了岸边由于海岸的阻挡，就贴着岸边沉入水中。到达距水面10米深的地方。水的压力就引爆了炸药。

为什么5吨重的炸弹能在水面上跳跃呢？

82 由《梁祝》想起的

你一定听过协奏曲《梁祝》，尖细的音调模仿出祝英台的唱腔；而深沉的音调模仿出梁山伯的唱腔。类似这样用乐器模仿人演唱的例子很多。例如，唢呐也可以模仿河北梆子的唱腔，还有一种特制的胡琴，可以模仿京剧演唱。但是，你是否发现，不管演奏家的演技多么高超，总还是与真人唱得不一样。

这是为什么呢？

83 瓶子做乐器

用普通的汽水瓶子能做成两种乐器：一种是打击乐器，另一种是吹奏乐器。在两张椅子上，横放两根竹竿，上面分别悬挂八个普通的瓶子。自上而下，自左而右，第一个瓶子几乎装满水，第二个瓶子里的水比第一个瓶子略少一点，按着次序，一个比一个少一点，最后一个瓶子装的水就是最少的一个。

用干燥的木棍敲击瓶子，就会发出高低不同的声音。水越少的瓶子，发出的声音越高。仔细调整瓶子中的水量，就能使它们发出的声音组成两组八度音阶。然后，就可以用这些乐器演奏一些简单的打击乐曲。如果你不用木棍敲击瓶子，而把瓶子放在桌子上，用嘴对着瓶口吹气，瓶子会像螺号一样发出低沉的呜呜声。而且你会发现，瓶子里的水越少，发出的声音越低，瓶子里的水越多，发出的声音越高，正好和敲击瓶子的顺序相反。为什么？

84 怎样用漏斗吹灭蜡烛

　　给你一只大漏斗，要你通过漏斗吹气把蜡烛吹灭，看来是一件容易的事情，但是真做起来不容易。你会发现，看不见的气流在和你捣乱。把漏斗的大口对着烛焰，使烛焰正对着漏斗大口的中心，嘴含着漏斗的细口向烛焰吹气。结果烛焰不但没有被吹灭，连抖也不抖。你以为漏斗离烛焰太远，移近一些再吹。这一回，结果更奇怪，烛焰竟逆着气流倾斜地向漏斗烧过来，像被吸过来一样。

　　怎样吹才行呢？

85 啄木鸟为什么喜欢啄木

　　老师带着学生们去参观动物园中的啄木鸟，并且让学生们仔细观察啄木鸟的形态和动作。等回到课堂上，孩子们的发言很踊跃，除了观察到啄木鸟身体羽毛的颜色之外，大部分的孩子都注意到啄木鸟自始至终都在啄木。那么，为什么啄木鸟要啄木呢？

86 鸭子为何会游泳

　　聪聪生活的小区里面有一个池塘，这个池塘里面有很多荷花，还有些鸭子在水中浮动。聪聪经常来这个池塘边看鸭子游泳。

　　有一天，一位小朋友问聪聪："你天天待在这里，那你知道鸭子为什么会游泳吗？"

　　这下可难倒聪聪了，因为他从来没有注意过鸭子为什么会游泳。

　　你知道鸭子是怎样游泳的吗？

87 为什么鸭子不怕水而鸡怕雨淋

　　我们经常看到鸭子浮在水面上，悠然自得，还经常钻到水里去捉鱼吃，而鸡只能在岸上找食吃，如果遇到大雨，小鸡们就会惊慌失措地躲起来，你知道为什么吗？

88 蜜蜂为什么会蜇人

生物老师讲关于蜜蜂的时候，为了让孩子们更深刻地体会到蜜蜂在花园采蜜的过程，就带着孩子们来到学校的花园中观看蜜蜂辛勤劳作。这时候，调皮的聪聪问老师一个关于蜜蜂的问题："老师，您说为什么蜜蜂会蜇人呀？"其他的孩子听到这个问题，也很想知道答案，都一起大声地说道："为什么呀？"生物老师笑着回答了这个问题。

你知道蜜蜂为什么会蜇人吗？

89 蜻蜓为什么要点水

聪聪和妈妈一起到公园去玩，一路上聪聪很兴奋，不断地唱着儿歌，哼着小曲。

当聪聪和妈妈走到河边的时候，眼尖的聪聪一下子就看到了河面上的蜻蜓，那些低飞在水面上的蜻蜓，就像一架架小的直升机，时而在河岸的上空盘旋，时而又俯冲下来，用尾尖在水面上轻轻一点，这时候水面就会泛起一圈圈的涟漪。

聪聪看到蜻蜓在不时地点水和飞走，就好奇地问妈妈这是怎么回事呢？

你知道蜻蜓为什么要点水吗？

90 燕子为什么要低飞

巧巧和妈妈出去散步，刚走出家门几分钟，空中就布满了云彩，天气阴了下来，好像要下雨一样。而且还时不时地看到几只飞得很低的燕子。

妈妈想考考巧巧，就说："巧巧，你知道燕子为什么低飞吗？"巧巧想了想，说："因为要下雨了！"妈妈拍拍巧巧的脑袋说："真聪明！"

你知道燕子为什么要下雨的时候就会低飞吗？

91 鸡为什么要吃沙子

张丽的妈妈带着她回乡下看外婆,临走的时候外婆送给张丽一只大母鸡。而回到家之后,妈妈吩咐张丽去沙池装点沙子给鸡吃,听到妈妈给鸡喂沙子,张丽满脑子疑惑,反问妈妈:"妈妈,您说错了吧,沙子那么硬的东西,鸡怎么会吃沙子呢?"

妈妈看到张丽很认真的样子笑着说:"是的,我说得很对,要不你去装碗沙子回来试试看?"

不一会儿工夫,张丽就端着一碗沙子回来了,并且倒进了鸡槽里。鸡果真走过来吃起了沙子,还吃得"津津有味"。妈妈看到张丽还是不懂,就给她解释了为什么鸡会吃沙子。

你知道鸡为什么会吃沙子吗?

92 为什么狗在夏天喜欢伸舌头

聪聪和妈妈吃完晚饭之后,经常出去遛弯。可是到了夏季,每次聪聪看到狗都会不由自主地躲到妈妈的身后,因为这时候的狗会把长长的舌头伸出嘴巴外。

聪聪觉得这狗伸着舌头好像要咬人的样子,对妈妈说:"妈妈,您看那狗是不是要咬人啊,它总是伸着舌头,我好害怕呀!"

妈妈看到聪聪这样害怕,就告诉聪聪:"不要害怕,狗伸着舌头是不会咬人的。"

你知道狗为什么在夏天喜欢伸着舌头吗?

93 骆驼背上的"驼峰"

"《动物世界》又开演了,灵灵快来看呀!"正在看电视的爸爸招呼正在玩耍的灵灵。

《动物世界》是灵灵最喜欢看的节目,因为里面充满了动物的趣味和神奇色彩,所以灵灵每一期都会跟着爸爸看。这一期的节目中讲到的是"骆驼",灵灵知道骆驼是行走在沙漠中,还是一种比较耐渴的动物。

看到骆驼的背上有两个很大的鼓出来的东西,灵灵就指着问爸爸:"爸爸,那鼓起来的东西是什么?"爸爸回答:"那是'驼峰',骆驼被当地人用来作为交通工具,而在沙漠生活的人们离不开它。那么骆驼之所以能在沙漠缺吃少喝、非常炎热的恶劣环境中生活下来,是因为它的身体结构非常特殊。'驼峰'就是它们的秘密武器,骆驼就是因为有驼峰才不会在沙漠中死去。"

你知道骆驼的驼峰具体有什么妙用吗?为什么骆驼没有了它就会死去呢?

94 林肯的推理

此事发生在林肯担任律师的时候。一天,汉克农场的记账员在出纳室被谋杀了,他右手握着一支笔,倒在大门前的地上,大门上有"MN"两个字母,是记账员临死前用手中的笔写的。出纳室的地上散落着很多文具用品,仓库里边的钱也被抢光了,凶手大概是在记账员工作的时候进来的,当记账员向门口逃去时,被杀手追上而杀死的。

门上的字一定是记账员被害前写下了凶手姓名的第一个字母。这字母透露出是黑人莫利斯·纽曼干的,他的姓名前两个字母是MN。纽曼太太见丈夫被捉,觉得很冤枉,因为凶案发生时,他们夫妻俩都在农场工作。她想到林肯是保护黑人的,就去找林肯律师代为辩护。林肯思考一番后,从农场的工人里找出一个名叫尼吉·瓦得逊的人。这个人平时爱赌博、爱喝酒,品行很不好。林肯对他说:"是你杀死记账员的!""胡说,你有什么证据?"林肯说:"记账员在门板上写了NM两个字母。""'MN'是那个黑人,我的名字是'NW'!"林肯笑着说:"案发当时,你在哪里?"接着做了一番推理,让尼吉·瓦得逊无言以对,终于承认了自己是凶手。

你知道林肯是怎么推理的吗?

95 差别最大

在A、Z、F、N、E五个字母中,哪个与其余四个差别最大?

96 特殊的字母

下列五个字母中,哪个字母异于其他字母?

A N E
F H

97 字母推理

如果D等同于P，那么L等同于什么？是A、M、W还是T？

98 字母的规律

请找出下列字母排列的内在规律，指出下一个字母该是什么？
O、T、T、F、F、S、S、E

99 特工中心

每个战地特工都需要一个字母和数字作为代码，以便与指挥中心联系。下列代码中缺少的两个数字是什么？

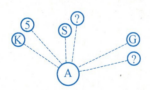

100 英文算术

让我们来做一些有意思的英文算术题，看看最后的结果是人身体的哪一个器官。
（1）（She-s）+（smart-sm）= _____；
（2）（brag-g）+（ink-k）= _____；
（3）（living-ing）+（her-h）= _____；
（4）（stove-ve）+（make-ke）+（chip-ip）= _____；
（5）（luck-ck）+（rings-ri）= _____。

101 "张冠"别"李戴"

下面有两组单词，一组是服装的名称，一组是身体的不同部位，你能把它们搭配正确吗？千万别发生"张冠李戴"的笑话哟！

ring　neck
scarf　finger
hat　feet
glove　hand
belt　waist
socks　head

102 认识水果

阿米最喜欢水果了，这不，他又到水果店来买水果了。这里的水果种类可真不少，你来认认这是些什么水果。想好后将各种水果的英文单词逐个填入下面的空格。

横向：
①有的是紫色，也有的是绿色。
③它也是一家电脑公司的名称。
④一种黄色的、很酸的水果。
⑤它不仅是水果，同时也是一种颜色。

纵向：
⑥这种水果很大，圆圆的，外表是黑绿相间的。
⑦黄色的水果，猴子的最爱。
⑧热带地区盛产这种水果。
⑨一种小小的、红色的水果。

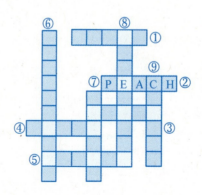

103 Ken的神秘礼物

Ken是个聪明的孩子，他今天第一次和大家见面，特意准备了一个小礼物送给大家，这个小礼物也表达了他很高兴和大家认识的心愿。你知道他到底想和我们说什么吗？提示：1=A，2=B，3=C，……

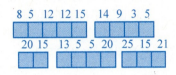

104 卡特的谎言

卡特的游艇开过来时，哈金成正在租来的小船上钓鱼。卡特有气无力地钻进船舱，一屁股跌坐在铺位上，随手摘下软檐帽擦额头上的汗，接过哈金成递过来的一杯水，一饮而尽。然后抹抹嘴巴，开始讲他遭到的不幸：

"佩斯和我在开往珍珠岛的途中不幸遇上了风暴。狂风将帆、舵以及收音机全部刮去，我们仅能维持小艇的漂浮。在海上漂了五天，迷失了方向。三天前淡水喝完了。佩斯忍受不了焦渴和炎热的煎熬，开始发狂地喝海水。我为了阻止他，就揍了他一拳。此时刚好一个大浪打来，他站立不稳，一头撞在右舷栏杆上死了！这都怪我啊！"

哈金成跳上卡特凌乱不堪的游艇，在小小的船舱里，发现了佩斯的尸体，仔细地察看了佩斯下巴和头骨上的伤痕。

然后他跳回自己船上，神色严峻地对卡特说："到了警察局你还得编一个更好的故事！"

哈金成是怎样识破卡特的谎言的？

105 小李和女友的死因

夏日的一个夜晚，出租车司机小李开着"的士"与女友外出后一夜未归。直到第二天早上，人们才在郊外发现了他的汽车，他和女友相互依偎着坐在后排座位上，却又双双命归黄泉了。

接到报案，公安局刑侦队刘队长立即率人前来勘查现场。

"的士"停在高速公路不远处的一块地势较低的草地上，发动机还在运转，车上的空调也开着，但门窗紧闭。"的士"车身、门窗完好无损，车内外也无搏斗的迹象，两人衣衫整齐，面容安详。因此可以断定，两人之死非外来袭击所致。

那么究竟谁是凶手？凶手又是用什么方法把两人杀死的呢？一连两天，刘队长苦苦思索，却始终不得其解。正当冥思苦想之际，法医的尸检报告送来了。

"凶手原来是小李司机自己！"刘队长看过验尸报告，心里的一块石头终于落了地。

你知道小李和女友的死因吗？

106 假主人和一只狗

维尔斯警长在市郊巡逻值班时，看见有个男人从一家华丽的住宅后鬼鬼祟祟地走出来，便上前问道："先生，你是这里的主人吗？"

"我……我，嗯，我是这家的主人。"此人支支吾吾地回答。

这时，有一只毛茸茸的狗由后门出来，在那男人的脚边绕来绕去。

"对了，玛丽是我的看门狗，如果你说我是外人，那玛丽怎么不汪汪大叫？"说着还摸了摸玛丽的头。玛丽看着维尔斯警长，充满敌意地吠个不停。

"玛丽，不准乱叫！"那男人吆喝了一声，狗就乖乖地不叫了。狗停了一会，又蹒跚地走到电杆旁，抬起后腿小便。

维尔斯看到此景，突然转身对那男人说："别冒充主人了，跟我到警察局走一趟！"

维尔斯究竟根据什么断定此人是外人呢？

107 罪犯就是清水

电视播音员清水在夜里1点多钟突然向警方报案，说他妻子被杀了。

山本警长驱车火速赶赴现场。这是一幢新宅，门旁车库前停放着一辆红色越野车。

警长下车走近大门时，那儿突然有条狗汪汪地吼叫起来。那是一条狼狗，被一条长长的铁链拴着。

"太郎，别叫！"清水走出门来，那条狗便乖乖地蹲在他的脚下。看来是训练有素。

死者身穿睡衣，倒在厨房的地板上，是头部被打伤致死的。

清水声泪俱下地向警长诉说："我为一点小事和妻子吵了一架，憋着一肚子气跑了出去，在外面兜了两个小时风，回来一看，妻子被杀了，那时是11点，我出去后大概妻子没关门，肯定是强盗闯进我家，被妻子发现后，于是杀人逃走了。"

"有什么东西被盗了吗？"

"放在柜子里的现金和妻子的宝石不见了。"

"去兜风时带上你的狗了吗？"

"没有，只是我一人去的。"

现场取证工作基本结束了。第二天一大早，警长就命令助手到邻居家了解情况。不一会儿，助手跑回来报告说："西边的邻居家里有一个老头昨晚几乎看了一夜电视。据他讲，在罪犯作案的时间里没听到什么异常的动静。"

"也没有听到汽车的声音吗？"

"听到过，有过汽车的声音，是晚上1点左右听到汽车由车库开出的声音，这一点与清水讲得完全一致。"

"不错，罪犯就是清水！"

果然，经审讯，清水供认由同女歌星约会被发觉，和妻子吵了架，怒不可遏地抄起啤酒瓶朝妻子的头部砸去。本来是无意杀死妻子的，但事后又不想去自首，因而伪造了盗窃杀人的假象，并出去兜风，顺便把当作凶器的啤酒瓶扔进河里。

那么，山本警长究竟凭什么证据识破了清水的犯罪行为呢？

108 遗书上的破绽

在洛杉矶市的饭店，一客人服毒自杀，接到报警的洛杉矶警察局刑警科伦坡赶来验尸。

尸体在床上，是个中年绅士，经化验，被确认是氰化钾中毒死亡。

"他是三天前住进饭店的英国客人，桌子上有封遗书。"饭店的经理给他看了遗书。

遗书是用电动打字机打的，只有署名和日期是手写的，日期是"3.15，2005"。

"2005年3月15日，也就是昨天。"

"你是说这个客人是英国人吧？那么这份遗书是伪造的，是伪装自杀的他杀，凶手有可能是美国人。"科伦坡刑警读罢遗书后马上下了结论。

你知道刑警凭什么做出这样的判断吗？

109 去过芝加哥的证据

大盗西夫从芝加哥美术馆轻而易举地盗出一张世界名画。他驱车上了高速公路，向东逃往纽约。

进了纽约州后，在汽车餐馆吃了点儿东西，没想到却在那儿碰上了福尔侦探。

"嘿，你好！真是千里有缘来相会呀，没想到又在这儿相见了，是驾车旅行吧？"福尔侦探凑到同一张桌上搭讪。

"是的，刚好……哎呀，怎么都这个时间啦！对不起，我失陪了。"西夫看了看手表，慌忙起身要走。福尔侦探一把抓住他的手腕，拦住了他。

"那件事不是已经干完了吗？还是不必那么急着走吧。"

"啊，你指什么？"西夫心里惦记着放在汽车后备厢里盗来的画，可他表面依然故作镇静。

"刚刚电视新闻里说，昨天夜里芝加哥美术馆的一张名画被盗，难道那不是你的拿手好戏吗？我不是警察，你老实跟我说。"福尔侦探盯着西夫的脸，笑呵呵地说。

"你这是什么话！我这一个星期根本就没离开过纽约。"

"装傻也没用，你去过芝加哥，你手上的表已经告诉我了。"福尔侦探直截了当地挑明了。

你知道福尔侦探这样判断的理由是什么吗？

第7章

实践思维

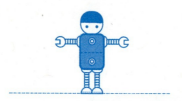

　　实践思维是指围绕实践过程以思考和解决实践问题或现实问题为直接目的的理性思维。俗话说："处处留心皆学问。"许多人即使没有太显著的教育背景也能取得成功，就是因为他们明白一个道理：生活是最好的老师。无论是哪一种思维活动，最后都要付诸实践。思维活动和实践活动是相互作用、相辅相成的。

1 自制"气枪"

许多少年都喜欢玩枪。现在,我们自制一支"气枪",然后用它来进行比赛。

先准备一根金属管或玻璃管(如果实在找不到金属管或玻璃管,用竹子代替也行),管的直径为8~10毫米,长度为6~8厘米;再准备一支木棍或铅笔,长度约为15厘米。这些东西准备好了,"气枪"也就有了,剩下的问题,就是寻找"子弹"了。这个问题也很容易解决,只要找一个土豆或苹果,把土豆或苹果切成一片一片的以备用。

你一定会对这支"气枪"大失所望:唉!这算什么枪呀?可是,当你把管子两端都插进土豆片里,土豆就会嵌进管子里,把管子两头给堵住了。这时,你只要拿小棍或铅笔把一端的土豆片慢慢推进管里,把另一端瞄准你想射击的目标,你手中的这支"气枪"就会"啪"的一声,一块土豆"子弹"就会射向目标。

你知道为什么吗?

2 山脉是怎么来的

上课铃声打响了,地理老师这次和往常不一样地走进了教室,往常他都是拿着教案走进教室,而这次他却搬着一个塑料花盆走进了教室。同学们都很惊讶老师的一举一动,所以都瞅着老师。

老师这时候看到同学们好奇的眼睛了,于是开始说:"我们这节课来做个试验,试验的目的就是告诉同学们'山脉是怎么形成的'!"说完,老师开始做实验了。只见老师首先在塑料盆里面装半盆土,浇上水之后放在阳光下晒。没多久,盆里表面的土就晒干了形成一层硬皮,用小刀从中间把硬块划开,然后用双手在花盆两侧轻轻地挤,这时就会发现硬块在挤压下,两个硬块间接触的部分隆了起来。

你知道山脉是怎么出现的吗?

3 自造星光

聪聪特别喜欢晚上抬头望向窗外,因为那样可以看见好多的星星在天空中闪烁。妈妈知道后,就开始想办法启发孩子的思维。

这天,妈妈找来了一个薯片筒、一根钉子、一只手电筒、一支铅笔和一把剪刀。然后不一会儿工夫,妈妈就做好了一个薯片筒。首先,拿钉子在薯片筒的盖子上戳一个"星星"孔,然后把手电筒较细的一端压在薯片筒另一端的中央,用手压出棱来,然后使用铅笔按照棱画个圆圈,并且使用剪刀把圆圈剪下来。再把手电筒塞进洞里,到黑暗的房间,对着天花板打开手电筒,就会看到很多的小星星,另外转动薯片筒,还可以看见星星在移动!

聪聪看到妈妈自己做的小"星星"在自己家的天花板上闪耀,开心极了。

可是,妈妈运用的是什么原理,做出星星的关键原因又是什么呢?

4 拥有美丽光环的行星

课堂上，聪聪正在认真听讲，当老师说到"行星周边有很多光环，而且非常漂亮"的时候，聪聪想象不出来"光环"是什么样子的，所以举手问老师："老师，行星漂亮的光环是什么模样的呀？"老师告诉聪聪一个好玩的游戏，并且说："从这个游戏中，我们就可以知道行星的光环具体是什么样子！"

老师要求聪聪在一个黑屋子里面打开手电筒，然后就放到书桌上面。并且在找来的塑料瓶中倒入一些爽身粉，然后再将转椅放在手电筒的光束下。这时坐在转椅上面，一边旋转转椅，一边迅速地挤压塑料瓶，使得爽身粉从光束中穿过，然后再将一些冰粒放进塑料瓶中，然后挤压瓶子，使得小冰粒也从光束中穿过。这时候就会发现爽身粉显得特别明亮，而且小冰粒也呈现出彩色。

这个游戏又带给我们什么样的道理呢？

5 自测天气表

阿明正在教室里面上课呢，突然外面黑了起来，然后开始下起雨来。阿聪心里想："这下可坏了，我没有带伞！"不过雨没有下多长时间，就停了，可是刚刚下过雨的空气很凉，所以阿聪感到身体在打战，很后悔没有多带一件外套。

回到家，阿明对妈妈说："这个讨厌的天气，要是自己能预测天气就好了！"妈妈说："其实自己预测天气一点儿都不难，我就有办法预测天气呢！"只见妈妈用一张粉红色的纸做成了一朵纸花，然后在花瓣上涂上浓食盐水，再把花插到花盆里面，这时通过观察花的颜色就可以知道天气的变化了。

你知道这个预测天气表的原理吗？

6 你会制打雷声吗

聪聪正在拿着一张纸乱写东西，突然听到隔壁明明的房间里传出"砰"的一声，吓得聪聪赶紧跑向明明的房间，打开门一看，明明正拿着一个袋子，对聪聪笑着说："哥哥，你知道雷声是怎么来的吗？我会制雷声了！你瞧！"明明首先将纸袋吹得像气球一样鼓起来，然后用橡皮筋将纸袋口扎紧。这时候用双手从两边同时用力拍打纸袋，直到纸袋发出"砰"的一声爆炸声。只见，不一会儿工夫，又一声"砰"的响声就打响了。

你知道打雷声的原理吗？

7 模拟雨的形成

阿明也不管聪聪在说什么，继续说道："聪聪，你说这雨是怎么出来的呀？你会模拟下雨吗？"阿明原以为就是那么一说，可是聪聪却大声地回答："当然了，我知道雨是怎么形成的，而且我还会模拟下雨呢！"

阿明不相信，可是聪聪真的让阿明看到模拟雨了，这时阿明才心服口服。

于是，聪聪将一个没有盛水的盘子放入冰箱冷冻，然后烧上一壶水，等待水沸腾的时候，取出盘子。然后将盘子放在水蒸气不断上升的壶嘴上方10～15厘米的地方。过一会儿就会发现盘子的底部凝结了很多的小水滴，而且水滴越来越多，很可能就会变成"雨"滴落下来。

你知道大自然中的雨是怎么形成的吗？

8 酸雨的由来

聪聪吃完饭之后，就帮着妈妈刷碗，等刷完之后，路过客厅的时候，看到电视里面正在讲有关酸雨的事情，于是不懂的聪聪问正在看电视的爸爸："爸爸，什么是酸雨呀？"爸爸说："其实现在从工厂里面和汽车的尾气中都排放出很多的废气，这些废气中含有亚硫酸气体或者氮氧化合物等污染物质，而这些污染物质溶解在雨中就形成了硫酸或者硝酸等强酸性的溶液，这就是酸雨的形成。"

可是聪聪听完这些，还不是很明白，于是爸爸就给他做了一个试验。首先在玻璃杯中放入三分之二的水和一勺柠檬汁，然后就用玻璃棒充分地搅拌均匀，再找来一个玻璃杯，里面只放一些水。爸爸在两根粉笔上分别做上记号"S"和"Z"，再将这两个粉笔分别放入两个玻璃杯中。放置一天之后，倒出溶液，这时候对比一下两根粉笔。放入柠檬汁中的标有"S"的粉笔因为变软了而看不清字迹，但是放入清水中的标有"Z"的粉笔字迹还清晰地存在着。爸爸说："这是因为放有柠檬汁的水中产生了泡沫，这些水因为放了柠檬汁就变成了酸性的溶液，而粉笔含有碳酸钙成分，于是这些酸性成分和碳酸钙反应就产生了泡沫。其实生活中的酸雨和这个试验是一样的！"

你知道生活中的酸雨的形成原理吗？

9 霜是怎么形成的

秋天来了，可是聪聪还是还和往常一样，不怕寒冷，照样早上去锻炼身体。有一天，聪聪照例沿着公园里面的小路跑步，可是却看到周围的小花和小草上面都分别有一层白色的霜。聪聪回到家，问妈妈："公园里那些花草上面为什么都有一层霜呢？"

妈妈没有正面回答聪聪的问题，而是取来一个玻璃瓶、一支温度计和湿布，还有一双筷子。只见妈妈首先从冰箱里面拿了一些冰块放入玻璃杯中，再加入一些盐，用筷子充分搅拌，使它们很快地混合均匀。然后摊开湿布，在上面放上筷子，让玻璃杯可以稳稳地放到两根筷子上面，这时测量的玻璃杯中的温度应该是0摄氏度以下，过一会儿，玻璃杯的外壁上就会出现白色的霜雾。

你知道霜雾形成的原理吗？

10 桌子上的地震

聪聪在家里看电视，电视中的新闻报道说日本那边又发生了地震，而且还有很多人死亡或者受到重伤，很多房屋倒塌，但是还有很多的房屋没有被破坏。聪聪不明白地震的时候，为什么有的房屋没有倒塌呢？于是聪聪跑去问妈妈这个问题。

妈妈正在整理聪聪翻过的一些书，想了想说："咱们来做个游戏吧，这样你就会看得非常清楚！"

妈妈首先在桌子上放置一摞书，然后自己一个人左右摇晃桌子，这时聪聪发现桌子上的书很快就被妈妈的力量晃倒了。过了一会儿，妈妈让聪聪来帮忙，两个人上下移动桌子的时候，那些书虽然会歪斜，但是没有很快被晃倒。妈妈对聪聪说："地震过程中也是一样的道理……"

你知道地震中是什么道理吗？

11 地球的"伤疤"

聪聪每周五晚上都会和爸爸准时地收看《科技之光》，因为每次看完都能从里面学到好多课堂上学不到的知识。这周五，聪聪吃完饭就早早地坐到沙发上等着节目的开始。伴随着熟悉的音乐，节目开始了。只听主持人在讲话："……我们今天要播出的就是《地球的"伤疤"》，每年都会有许多的陨石降落到地球上面，而重重的陨石每次都会把地球砸出坑来……"聪聪这时候有些不懂了，问旁边的爸爸："爸爸，为什么陨石落到地面上会砸出坑呢？"

爸爸找来一个脸盆，然后把一些细沙均匀地倒进脸盆中，然后叫聪聪往盆里扔玻璃球，并且每次扔的速度和位置都不一样，扔完之后就立刻去看盆里面的沙坑！爸爸说："陨石一般都是高速飞行、体积不大的物体，这些物体的降落速度越快，就越会砸出很深的坑来。"

聪聪点了点头，终于明白了。你明白了吗？

12 潮汐是怎样产生的

阿聪因为一点儿小事和同伴阿明吵架了，妈妈看阿聪不高兴的样子，就说："阿聪，我们来做个'潮汐试验'，好不好？这样你就知道潮汐是怎么回事了！你就比阿明懂好多知识了！"一听要比同伴阿明懂知识多，自身就很好强的阿聪这才高兴起来。

妈妈首先在大盆里面注入十厘米左右的水，然后将小碗浮在盆里，再往碗里加入一厘米深的水。这时候，用勺子慢慢搅动小碗，尽量保持碗在大盆的中央，加快旋转的速度，最后停下来。妈妈说："在这个过程中我们发现碗里面的水会沿着碗边上升，并且随着速度不断增加而被甩出碗外，这是离心力的作用。"

你知道"妈妈"所讲的离心力是怎么回事吗？

13 用冰取火

有一支探险队，在他们到达南极的途中，遇到了特大暴风雪。等到风停雪止天放晴时，饥肠辘辘使他们想起生火做饭的事儿。这时发现，由于全力以赴同暴风雪搏斗，存放火柴、望远镜等物品的袋子，不知什么时候弄丢了。这可怎么办呢？要知道这儿天寒地冻，遍地冰雪，在零下几十摄氏度的气温下，所有的食品都冻得像石头一样，没有火种，这种"石头"怎么吃呢？再说派人以最快的速度回去取火种，来回也需十几天，怎么办呢？有的人绝望了，认为没死在暴风雪中，却要死在饥饿中。

正当大家万分焦急的时候，一位知识渊博的探险队员提出了"用冰取火"的建议，最后居然获得了成功！想一想，该如何"用冰取火"呢？

14 你会造云吗

明明和聪聪经常在一起做些小游戏，而且聪聪比较聪明，喜欢出些有新意的点子。有一次，两个人在明明家的阳台上，透过窗户观看外面的阳光，明明说："阳光太强烈了，应该来点云彩最适合！"聪聪眼珠子一转，说："我会制造云！"

于是，聪聪首先找来两个铁罐，一大一小。将小铁罐放进大铁罐里面，然后将食盐和冰块按照1:3质量比例配制好，放进两个铁罐的空隙里面。过一会儿，等小铁罐里面的空气冷却下来，就对着小铁罐吹几口空气，把水蒸气带进小铁罐里面，这时候因为小铁罐里面的温度很低，水蒸气就结成了小水滴，然后就形成了淡淡的云雾。这时，再用手电筒照射小铁罐，就能很清楚地看到云雾了。

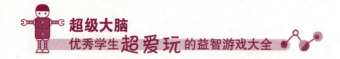

15 猪八戒照镜子——里外不是人

我们每天都需要照镜子,如果不是哈哈镜,镜子大小合适且完好无损,就可以在镜中看到自己的真实面貌。有句歇后语叫"猪八戒照镜子——里外不是人",如果严肃地从科学角度分析,这句话是很有道理的。

你知道其中的道理吗?

16 立竿见影

有句成语叫"立竿见影",原意是在阳光下竖起竹竿,立刻就看到影子,比喻立刻见效。

你知道这句成语蕴含的科学道理吗?

17 一个巴掌拍不响

我国民谚有云:"一个巴掌拍不响",事实也的确如此。

你知道其中的科学道理吗?

18 一石击破水中天

俗话说"一石击破水中天",事实也的确如此。

你知道其中的科学道理吗?

19 水中捞月一场空

我国民谚有云:"水中捞月一场空",比喻去做根本做不到的事情,只能白费力气。

你知道其中的科学道理吗?

第7章 实践思维

20 长啸一声山鸣谷应

江苏南通狼山之巅的广教寺门口有一副对联："长啸一声山鸣谷应,举头四顾海阔天空"。

下联比较好理解,但是许多人不明白上联的意思,你能为他们解释一下其中的科学道理吗?

21 火场之旁,必有风生

我国民谚有云:"火场之旁,必有风生",事实也的确如此。
你知道其中的科学道理吗?

22 船到桥头自然直

俗话说"车到山前必有路,船到桥头自然直"。"车到山前必有路"倒是没有什么科学道理,只是一种修辞手法,但河中行驶的船只有直着才能通过桥洞。
你知道其中的科学道理吗?

23 水的波纹为什么是圆形的

往静止的水中扔一块石头,就会看到圆形的波纹,这是司空见惯的现象。
可是你思考过没有,水的波纹为什么是圆形的?

24 寻找鹅卵石

你喜欢鹅卵石吗?如果让你去河边寻找鹅卵石,你是到河的上游找呢,还是到下游找呢?

25 滴水不减

如果让你用手把装满水的杯子倒转过来，一直拿着，杯中的水一滴也不会减少，你能做到吗？当然，杯子上没有加盖子，而杯中一定是液态的水，而非冰或水蒸气。

26 化冰水

盛夏季节，姐妹二人放学回家，又热又渴，想喝点冷饮。于是，她俩拿了同样的杯子，装入同样多的饮料和冰块，为了让冰融化得快，妹妹用筷子使劲地把冰块压到底，姐姐则任其自然融化。结果姐姐的比妹妹的冰块化得快。

你知道其中的科学道理吗？

27 结冰的湿衣服

小刚说他遇到一件奇怪的事。情况是这样的：一个冬天的清晨，小刚见放在室外温度计指示的温度是2摄氏度，小刚就把洗完的衣服晾到院子里了。他想，水到0摄氏度才结冰，湿衣服是不会冻上的。谁知，过了一会儿，他出去看时，衣服居然冻上了，小刚又去看温度计，气温已上升到3摄氏度了，这是怎么回事呢？

你知道是什么原因吗？

28 开水能化冻柿子吗

在北方，每到寒冬就能看到有冻柿子卖。冻柿子如果拿起来就咬，是根本咬不动的。于是，人们就把柿子泡在凉水中，一会儿柿子化了，吃起来非常好吃。

一次小同买了几个冻柿子，他决定快点化冻，以便马上吃到嘴里，结果，他用开水把冻柿子泡上了。过了一会儿，他用手去摸，柿子表面是软了一些，可里边还是硬的，而且表皮的颜色也变暗了。奇怪！怎么了？于是，他拿起来一咬，味道不但不甜，反而涩了，再往里咬，仍然是冻得结结实实的冰核。

小同到学校请教老师，老师给他讲了道理后，才明白了其中的道理。

你知道这道理吗？

29 购买什么

李明因为长期不注意用眼卫生,经常躺在床上看书,日子一久就变成一拿掉眼镜,几乎看不见东西的高度近视眼。

虽然平时他戴有框眼镜的次数多于戴隐形眼镜,但是只有购买某件物品的时候,他觉得还是戴隐形眼镜比较合适。

请问,你知道李明购买的是什么物品吗?

30 简易计量法

这里有一个100 CC刻度的药瓶,里面装有100 CC的药水,我们不知道瓶中的空隙还能装进多少药水。请问,不借助任何工具,怎样才能知道药瓶还能装入多少药水?

31 取表

有一块三平方米大的毯子,平铺在地上,正中放着一只手表。你能不能不用别的东西钩取,也不能踩到毯子上去拿,只准许用手拿到这块手表?

你看应该怎么办呢?

32 涨潮

一艘船的绳梯悬挂在船的一侧,正好触及水面,该绳梯为每级梯蹬八英寸,那么当水位上升四英寸时,水下将会有几个梯级?

33 两个水壶

如图所示,有两个水壶,它们的底面积和高度都相等。现从上方往壶中注水。请问,哪个壶装的水更多?

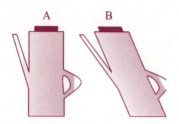

34 水有多少

有一个标准的立方体盒子,立方体的顶面就是盒子的开口。这个盒子里装有一些水。

甲说:这个盒子里的水超过盒子容积的一半。

乙说:这个盒子里的水不到盒子容积的一半。

现在,在不把水倒出来,也不使用其他工具的前提下,请你想想看,怎样才能判断出盒子里的水有没有一半呢?

35 装插座

地下室有一盏电灯,开关在门外,室内需装一个插座,但不能影响外面开关,该怎样装?

36 巧分混合物

有一堆由黄豆、细沙、铁屑、木屑、食盐组成的混合物,你怎样用最简捷的办法把这五种物质各自分离开来呢?

37 区分开关

一个房间有三盏灯，由另一个房间三个开关控制，每个开关只能开一次，到灯的房间也只能看一次，如何区分控制的开关呢？

38 苍蝇拍上的学问

有人统计过，用有孔的苍蝇拍A和无孔的苍蝇拍B拍打相同数量的苍蝇后，发现A拍中苍蝇的概率大约是80%，而B拍中苍蝇的概率只有20%。实验说明，苍蝇拍上有小孔，可以更容易打到苍蝇，这是为什么呢？这些小孔起着怎样的作用呢？

39 圆形盖子的妙处

喜欢观察的人会注意到，在我们居住和生活的城市里有排放污水的下水道，而下水道口的盖子通常为圆形，它具有比正方形容易做、可以滚动等优点。但除此之外，还有下水道盖子非做成圆形不可的更具说服力的理由。你认为那会是什么呢？

40 计算容积

曾经有这样一个故事，一名毕业于名牌大学数学系的学生，因为他是学校的佼佼者，所以十分傲慢。一位老者很看不惯就给他出了一道求容积的题，老者只是拿了一个灯泡，让他计算出灯泡的容积是多少。傲慢的学生拿着尺子算了好长时间，记了好多数据，也没有算出来，只是列出了一个复杂的算式来。而老者只是把灯泡中注满了水，然后用量筒量出了水的体积，很快就算出了灯泡的容积。

现在如果你手中只有一把直尺和一只啤酒瓶子，而且这只啤酒瓶子的下面2/3是规则的圆柱体，只有上面1/3不是规则的圆锥体。

以上面的事例做参考，怎样才能求出这只啤酒瓶子的容积呢？

41 智制双环套

著名的化学家发现了一种奇异的金属，强度大，很软，易切割，但却不能焊接。现在想用这种金属环制作一个双环套。请问能做到吗？该如何做？

42 哪一块水泥砖硬

生产队自制了一批水泥砖，需要做试验测这批水泥砖的硬度。有人说只要有一个小铁球就可以做这个试验。

你知道怎样做这个试验能够测出水泥砖的硬度？

43 为什么胶合板的层数都是单数

胶合板是我们生活中常见的建筑、装饰型木材，一般都分为三合板、五合板、七合板……，为什么它们都是单数层呢？

44 间谍的使命

一个闷热的夏天，某间谍奉命杀死某个敌人。于是该间谍制作了如下图所示的装置。在碟子里放入液体，这种液体只要沾上少量的水就会发生反应而产生毒气。他还在杯子里装了浮着冰块的满满一杯水。这个装置就放在那个敌人的房间里。你认为该间谍的谋杀计划能成功吗？

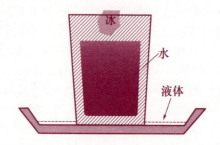

45 马戏演员的"特技"

一场精彩的马戏表演正在进行,演员骑在飞奔的骏马上,做着各种各样惊险的动作,时而马底藏身,时而侧身拾瓜,接着又将捡起的西瓜高高地抛向空中,西瓜好像很听话,又落回到了演员的手里。突然演员从马背上腾空而起,"不好,他会落到地上的!"就在观众为演员捏着一把汗的时候,演员却稳稳地落回到马背上,令人惊叹不已。

对于这类奇怪的现象,读者也可以亲自试验一下,例如,当你坐在匀速行驶的汽车、火车、船或飞机上时,将一顶帽子垂直向上抛出去,它绝不会落到后边的座位上,还是会落到你的手中。

这是为什么呢?

46 分开

在一次聚会中,诺曼和妮薇如图所示被两条绳子缠绕在一起。大家试着把他们两个分开,但不可以解开绳结或把绳子剪断。

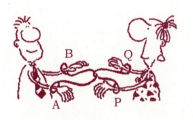

现在将他们两人的处境说得更清楚一点,首先绳子的一端绕在诺曼的右手腕A上,另一端绕着他的左手腕B。另一条绳子的一端绕在妮薇的左手腕P上,穿过诺曼的绳子后再将另一端系在她的右手腕Q上。

你可以找个朋友试试看,乍看之下似乎不太可能分得开,事实上有一个相当巧妙的方法可以分开,而且不需使用任何特殊技巧。

47 汽水上方燃烧着的火柴

夏天的天气很热,聪聪和巧巧在家里玩耍,尽管有风扇吹着,可是两个人还是感觉很热。这时,巧巧说:"要是能喝上一瓶爽口的汽水,就可以马上解渴和解热。你说是吧,聪聪?"正在一旁自己玩卡车的聪聪,听了之后表示同意,并且转动着脑袋想了想说:"好像家里还有汽水呢!我去拿过来!"

所以实在忍不住热的聪聪从冰箱里面拿出两瓶汽水,一瓶自己来喝,另一瓶递给巧巧。聪聪拿出来就把汽水打开了,汽水"砰"的窜出许多沫沫来。巧巧看到这些沫沫,突然想起了老师以前曾经教过的一个试验。于是对聪聪说:"我想起以前老师曾经说过'燃烧的火柴只要放到汽水上方,就会熄灭',我们来做这个实验吧!看看是不是跟老师说的一样呢?"

聪聪和巧巧找来家中的火柴,然后点燃,放到盛有汽水的杯子上方,结果火柴马上就熄灭了。

你知道这是什么原因吗?

第1章 形象思维

1. 本题的4幅图,其中图(a)、(d)各有两个奇点,图(b)、(c)的奇点个数为0。因此这4幅图都可一笔画,画法请参看下图。

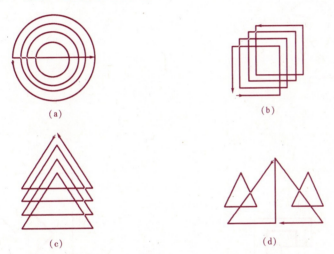

2. 从左侧第一个两环交点开始,先画出右上方两个圆环的连接线和两个半圆;然后在不停笔的状态下,再画出这两个圆环的另外两个半圆(回笔处如弧线箭头所示);接着就可一直画到最后一个两圆相交部分,回到起笔处(如图所示)。当然,除了这个方法之外,可能还有其他的方法。

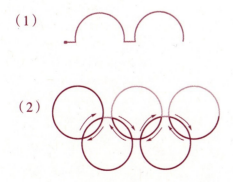

(3)

注：以上三个示意图实际上是一笔连续画出来的。

3.

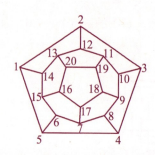

4.如图所示：

(1)

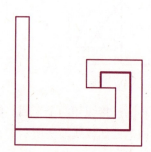

(2)

(3)

5.如图所示：

(1) 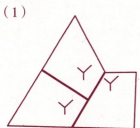   (2)

(3)    (4)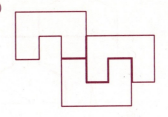

6.如图所示：

(1) 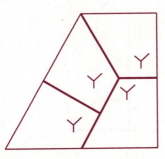   (2)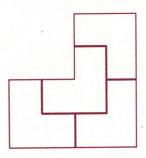

(3) 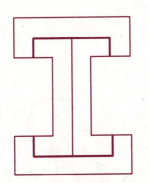   (4)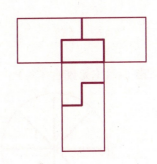

（5）

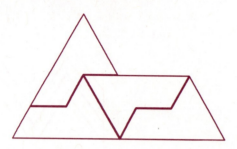

7.如图所示：

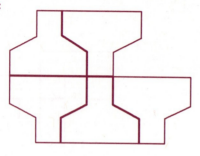

8.如图所示：

 或

9.如图所示：

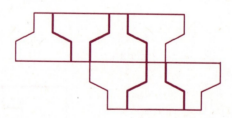

10.如图所示（无数种答案）：

11.（1）

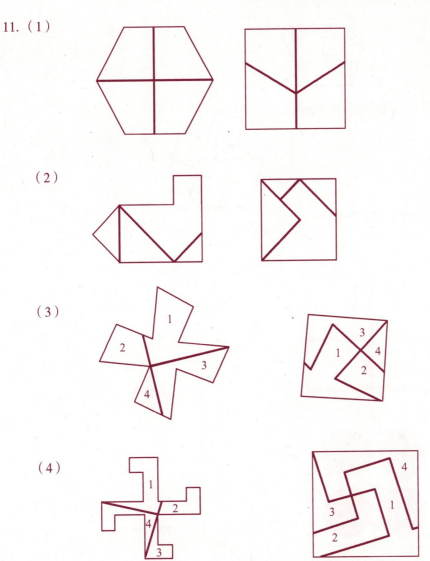

（2）

（3）

（4）

12.（1）拼成一个正方形：有无限多种办法把一个十字架分成四块，再把它们拼成一个正方形，下图给出了其中的一个解法。奇妙的是，任何两条切割直线，只要与图上的直线分别平行，也可取得同样的结果，分成的四块东西总是能拼出一个正方形。

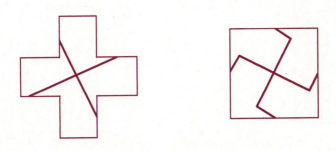

（2）拼成一个菱形：

（3）拼成一个长是宽的两倍的矩形：

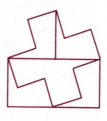

13.如图所示，先找出三分之一处。

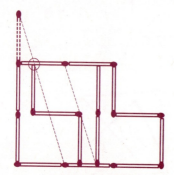

14.如图所示：

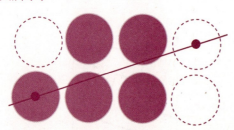

15.两部分。所有的三角形没有必要具有相同的形状。

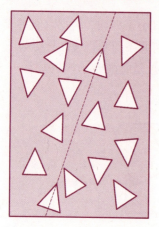

16.

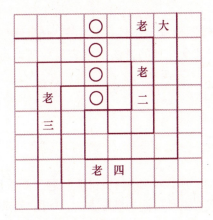

17. 先把正方形拼成 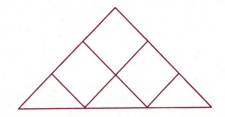 形，然后再填充三个等腰直角三角形。

18. 剩下的是"F"块。
19. 第12块是多余的。
20. 都是两周。因为小圆在大圆内部或外部绕大圆的圆周一圈，长度都是一样的，都是大圆环的周长。
21. （1）七块小板的面积分别是4、4、2、2、2、1、1。容易看出，用七巧板中两块面积为1的小板可以拼成任何一块面积为2的小板；用其中任何一块面积为2的小板和两块面积为1的小板可以拼成一块面积为4的小板。

（2）因为图中表现人物头部的是一块正方形小板，面积为2；而每个人物图形都是由一副七巧板拼成的，七块小板面积的总和是16。所以在每个人物图中，头部面积与全身面积的比都是1比8。

22.

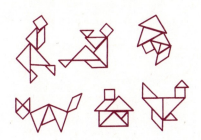

23. A和C。

24.（1）只有图1中的1号、2号、5号、6号和7号图形满足条件。其中只用6号图形拼成面积为16的正方形的方法如图1所示，其余几种的拼法都很容易。所以可用的图形共有5种。

图1

（2）因为总面积是16，每一小块的面积是4，所以必须用4块拼成。题目要求用4种图，可见每块图形的形状各不相同。只有三种可能的搭配方法，如图2所示。

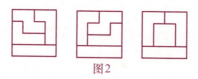
图2

这三种方法所用图形的编号分别是：
1，2，3，7；　　　　1，2，4，7；　　　　1，2，5，7。
所用四种图形编号之和的最小值是：1+2+3+7=13。

25.题目的关键在于涂两种颜色，有一种颜色要涂两次，且相同颜色不能相邻。为此，有一个或两个图形不涂色（即白色）即可满足要求。

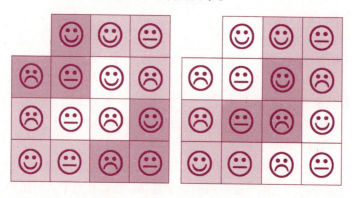

26.小明应该先涂d。根据比赛规则，如果小明先涂d，那么，无论小强涂哪一块，小明还是有地方可涂。

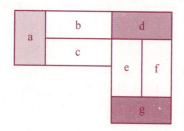

27. 如图所示：

28. 如图所示：

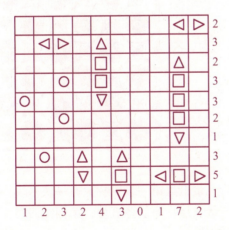

29.

30. 如图1所示，首先沿着AB线截开，然后把三块重叠在一起，这样就能同时沿CD线和EF线截开了。图2表明怎样用两条直线把这块马蹄铁分成九块。首先沿AB线分开，再把三块重叠在一起，这样就能一刀把它们各分为三块。

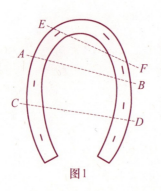

图1

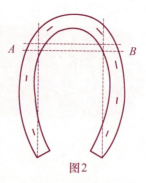

图2

31. 它们的面积是相等的。只要按照图1的办法，将地砖切割成五块，再根据图2的提示拼合，就得到了花瓶图案。

掌握了这种小窍门，就可以设计一种"遍地花瓶"地砖图案。只要根据图1，画出地砖正方形轮廓的内切圆，然后在方砖的中心和四角加上适当花纹，用这种方砖铺成的地面如图3和图4所示，看起来觉得地面上铺满了花瓶图案，圆内是瓶身，四个圆围成的曲线四边形是瓶颈。

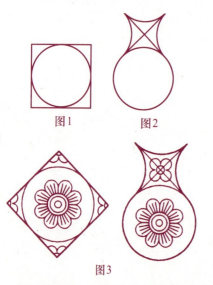

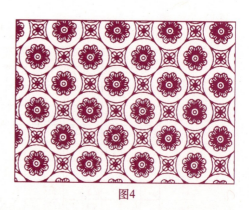

32. 在原图中，木块堆成四级阶梯形：最低处第一级阶梯只有一块木块；第二级阶梯由两层木块堆成，每层各三块；第三级三层，每层各五块；第四级四层，每层各七块。由此，容易用加法求出木块总数为50块。

换一种思路看颠倒后的图，可能更有趣味。设想最初是用木块堆成每边四块的正方体，然后从正方体最上面一层挖去每边三块的正方形，接下来从第二层挖去每边两块的正方形，最后从第三层挖去一块，剩余木块就成为原图的形状。由此可用减法解答本题，同样得到答案是50块。

在减法思路中，挖去的那些木块，搬放到哪里去了呢？远在天边，近在眼前。将原图倒看，仔细看清楚：搬走的木块竟然都藏在这幅图的倒看图形里！

33.如图所示:

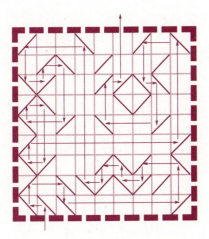

34.其实图边的英文字母已经提示得很明显了。你想到了吗?

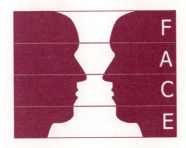

35.当你把火箭拼好,将会发现DISCOVERY(发现)这个单词。

36.BUTTERFLY。

37.能够看到的单词是VIEW(景色)。

38.

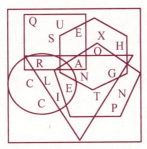

39.只要走到衣架后面,你就可以看到单词AUTOMATA(自动控制)。

40.DISTRACTION(娱乐)。

41.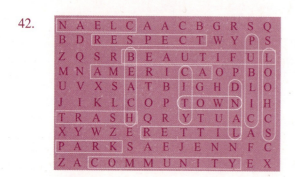

42.

43. 正确的路线就是 "All good things must come to an end." （天下没有不散的宴席。）

44. 罗马数字中，5，10，15分别表示为V、X、L，这几个字母都只出现了一次。而英文 five、ten、fifteen都没有出现。

45. 题目确实标出了起点和终点，然而F是起点，而S才是终点。你走过的路线应该是：FIVE ADD FOUR MINUS TWO EQUALS，5+4－2，答案自然是7。

46. 中间一个大圆圈，外边围着一圈字母，有些字母周围画了一个小圆圈，有些没有。这些字母是按照英文字母表的排列顺序在大圆周上沿着顺时针方向顺次排列的。小圆圈里面的字母都是左右对称的，其余字母都是左右不对称的。

　　玩捉迷藏的游戏，越是捉不到，心里越着急，越急越想赶快捉到。不过，要能捉到藏起来的朋友，需要开动脑筋，想想办法。让我们想一想，平时用小圆圈干什么事呢？

　　写出来的草稿，有些字不要了，有些段落不要了，就在它们上面画个圈，表示删掉。

　　假定在图1里，也是用圆圈表示删除。把这些小圆圈里的字母统统删掉。剩下来的字母，有些是几个连在一起成为小组，有些是单独站着自成一家。数一数各组所含字母的个数，顺次是：JKL(3)N(1)PQRS(4) Z(1)BCDEFG(6)，连起来成为"31416"，再加上小数点，恰好是圆周率的常用近似值3.1416。

找出来了：图1里藏着的朋友，竟然是圆周率！

第2章 抽象思维

1. 所求的和是11 550。1 599 + 9 951 = 11 550。
2. 任何差分法或公式并无助于解此问题。在本题中每一列均由依序计算其上一列中各个数字出现的次数而来。例如：

   3 1 2 2 1 1

   从左边算起为：

   1个3，1个1，2个2及2个1

   这一句话可以用下列数字表示：

   1 3 1 1 2 2 2 1

   即为题中最后一列数字。

   而其下一列应为：

   1 1 1 3 2 1 3 2 1 1

   再下一列为：

   3 1 1 3 1 2 1 1 1 3 1 2 2 1

   稍加思考便会发现任何数字皆不可能重复出现4次以上，所以4或大于4的任何数字永远不可能出现。
3. 图形"H"与众不同。"A"与"I""B"与"D""C"与"E""F"与"G"互为旋转180度，但没有"H"旋转180度的图形。
4. A图。中间图形变成了外部图形。
5. A是C的映像，B是D的映像，剩下的是E。
6. 三个轮子相对应的一瓣中都各有一黑二白分瓣，黑分瓣不同。

7. 图形D符合规律。规律是：每个三角形依次从黑变白，每次按逆时针方向增加一个三角形，增加的三角形先是黑色，然后再在黑白间变化。
8. 如图所示，四行鱼由左至右，由上至下，变化的规律为：加两个鳞片，加三个鳞片，减一个鳞片；当鳞片为双数时，鱼头朝向另一边。

9.G。从A到G,分别按照在身体上加两条线、减去一条线、加上三条线、减去两条线、加上四条线、减去三条线的规律增减图案。

10.G。A与B、C与G之间,上面和下面的图形互换位置,中间较小的图形变得更小,并与其他图形一起放进中间较大的图形中。

11.F。从A到B,从C到F,圆形和正方形互换,与此同时,最大图形内的图案消失。

12.这六种墙纸样品可以按图案中黑色垂直线的数目进行排列。A没有垂直线,E只有一根垂直线,接下来为C、D、B、F,它们分别有两根、三根、四根、五根垂直线。

13.图案C与众不同。其他三个图形中,中间的大图形可以由两部分小图形拼合而成。

14.题中几个图形的共同特征是:先连接各边中点,组成一个复合图形。所不同的是,B图形是一个三角形,而其他几个图形都是四边形,这样,只有B与其他几个不一样。

15.应该选择B。规律是下一个图形的外圈应该在第五条线后空一段,且外圈有十条线,满足条件的是B。

16.D图符合规律。规律是:每幅图都在前一幅的基础上增加一个带黑点的V形,新增V形的一条边与前一个V形不带黑点的边重叠,且新增V形所带黑点在V形的起始和末端交替放置。

17.图形E。逆时针旋转45度,每个矩形的对角线依次组成了3、4、5、6、7。

18.J。其他选项都可以找到与之完全相同的图形,即A与I、B与M、C与F、D与H、E与G、K与O、L与N完全相同。

19.选D。题中图形都为四边形,选项中只有D是四边形。

20.选A。从变形的提示来看,图形形状没有变,只是实心和空心的部分交换了,故选A。

21.选C。题中图形都由两个大小不同但形状一样的图形组成,且小图形在大图形里面,根据这一规律应选C。

22.一共有四种图形,分别是正方形、三角形、长方形和圆形,根据长方形第一排在第四个,第二排在第三个,第三排在第二个,第四排在第一个的这个规律,第二排空白处就是正方形。第三排是圆形和三角形,由于三角形已经排过第一和第二的位置,这次应在第三的位置,第四就是圆形。第四排照此规律分别是正方形、圆形,最后是三角形。

23.选A。从第一排的图像来看,依次只是将最里面的图形扩展到最外面了。例如,第二个图形是将第一个最里面的三角形放到最外面了,其他没变;第三个是将第二个图形中最里面的圆形放到最外面了,其他没变。故问号处最外面的图形为圆形,然后是正方形,最里面是三角形。

24.30。每个箭头代表加2。

25.老鼠=2,牛=3,老虎=0,兔子=7。根据观察,分子和分母未知的4种动物的排序是一样的,所以可以把它们视为同一个四位数,设这个四位数为x,所以有$(690\,000+x)/(100x+69)=3$

26.IODINE。都是六字母单词，依次具有一个、两个、三个、四个元音字母。

27.NEEDLESS。每个单词都有两对成双的字母。

第3章　想象思维

1.这些木料是锯末，放在什么样的容器里就有什么样的形状。

2.上午6点和下午6点这两次。

3.温度计的空白部分。

4.司马光把圆木头擦干净，放在床上当枕头。只要他枕着圆木头睡，一翻身，圆木头就滚动，把他惊醒。这样他就不会睡过头了。

5.雕刻家采取了"倒过来想"的思路：不加宽佛像的脸，而削窄佛像的肩。因为佛像的脸看起来是显得胖还是瘦，这与佛像的肩的宽窄相关。肩宽脸就显得瘦，肩窄脸就显得胖。加宽脸与削窄肩，两种做法方向相反（一个加宽，一个变窄），可是二者殊途同归，可以达到同一效果。把佛像的肩削窄，比把佛像的脸加宽容易多了。

6.竹禅画的观音和大家常画的没有多大差异，只是把观音画成了弯腰在拾净水瓶中的柳枝，如果观音直起腰来则正好9尺。

7.首先，复写的名字只会出现在第二张纸的正面，因为不管你怎样折叠，复写纸的油墨面只能接触第二张纸的正面。在上面会出现两份复写的名字，一个在上半张，另一个在下半张，为倒置的反写字。

8.有可能。如果风与船既同向又同速，对船来说，就和没有风船停着不动时冒烟一样，烟会笔直上升。

9.想一想在车厢里跳一下的试验，就知道这个设想虽然美妙，但是物理学规律告诉你行不通！气球由于惯性和地球以及大气一起运动，如果没有风，气球还要落到和起飞时差不多的地方。

10.这个职员的办法是：设计出一种电动垃圾桶，在桶上装有一个感应器，每当垃圾丢进桶内，感应器就启动录音机，播出一则事先录制好的笑话。这是会讲笑话的垃圾桶。不同的垃圾桶有不同的笑话。笑话每两个星期换一次。结果所有的人，不论距离远近，都把垃圾丢进垃圾桶里了，城市又恢复了清洁。

11.原来，当丽莎被床单盖住之后，她的双脚立即从硬质的长靴中脱出蹲在地下，那双"脚"则由平伸的双手举着。她随着查理的手势上浮下沉，实际上是在站立和下蹲。

12.仆人可以做一个箱子，保证箱子内部的尺寸与最初的方木相同，然后将雕刻好的木柱放入箱子内，再向箱子里加入沙土，直至把箱子完全填实，并且使箱内沙土与箱口齐平。之后木匠可以轻轻将木柱取出，保证不带出沙粒，再把箱内的沙土捣平，量出剩余的深度为1尺，即木柱所占的空间为2立方尺。即证明仆人砍得没错。

13.跷跷板回到原来的水平状态。冰块一化，跷跷板开始倾斜，西瓜滚了下来；冰块一头降下，但不久即融化流掉，跷跷板随之恢复原状。

14.他的出发点在北极。

15.冰的密度比水小,用冰造了一只船,兄弟俩乘冰船过河。

16.原来,水在结冰的时候,有排除"异己"的倾向。结冰的时候,水分子把糖和牛奶排挤出去了。真正的冰淇淋在生产过程中是不断搅拌的,如果你也不断搅拌,同样会做出可口的冰淇淋。当然,很低的温度也是一个条件。

海水在结冰的时候,水里面的盐分也会被排挤,向温度高的地方移动。海水的温度高于冰山上的温度,所以在冻结时,冰中的盐分会向海水移动。地球的吸引力也是一个重要的因素,冰块里含的盐在重力的作用下会慢慢地向下移动。所以,南极的冰是淡的。淡味冰不是一天形成的,而是经年累月,才能慢慢地把其中的盐排出去。

17.乘坐速度高于地球自转速度的飞机向西飞行。这样,太阳终究会从飞机的正面,即西边露脸。太阳并不是从东方升起,而是地球向东方旋转。这个知识点是解题的关键。

18.原来,只看左边是两条腿,只看右边是三只脚。但是将左右两边联系起来看,却发现腿的下端是开放的,脚的上端是扁平的,腿与脚的连接发生差错。视线从左到右、从右到左来回看几遍,渐渐产生幻觉,仿佛进入梦幻世界。

19.

20.把窗户改做成平行四边形,可以保持面积和亮度不变。

21.将纸带反扭一圈结成环就能一笔画成。

22.当纸币被拉直的时候,它折叠成的"S"形曲度就被转移到回形针上。但是这个游戏不能做太慢,因为太慢的拉动会是另外一种现象。

23.
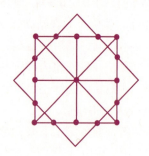

24.童辉拿来两面镜子,用反光的原理,把阳光照到井里,取出金簪。

25.将下图的AB、CD连接起来就可以将月牙分成六个部分了。

26.A。以中间有小三角形的三角形为底面,把纸片折成正三棱锥。

27.D。

28.如图所示:

29.可画出11个不重叠三角形。

30.由于两枚硬币的圆周是一样的,因此,你可能认为硬币A在紧贴硬币B"公转"一周的整个过程中,仅围绕自己的中心"自转"一周,即一个360度,但当你实际操作时,你就会惊奇地发现,硬币A实际上"自转"了两周,即两个360度!

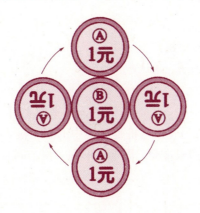

31.如图所示:

32.其实,在平面上来说是不可能有三个直角同时出现在一个三角形中,但是如果是在三维空间里面,就可以拥有三个直角同时存在。因为三维空间的数学规则与平面的数学规则不太一样,所以在气球上就可以画出三个角都是直角的三角形。

33.其实平行线并不都是笔直的,还包括弯曲的平行线,一般平行的直线只是唯一一种不能相交的平行线。在这个实验中,只要不断地转动笔下面的纸,就可以得到"8"字形的弯曲平行线了!

34.如图所示,四边形以上的多边形中,有的角是这种凹进去的形状。

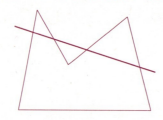

35.将横列和竖列中央栏中的纯种马各减少2匹,在4个角上的栏中各增加一匹即可。这样,就可以盗出4匹纯种马。而且,横列和竖列栏中的纯种马的数量没变,所以小仓即使每晚检查数量,也是不会有所察觉的。

36.从已贴好的第一行和第一列来看,无论横看或竖看,同一行中3个蝴蝶的翅膀形状各不相同,翅膀上的斑点的形状也各不相同。根据这个规律,剩下的三只蝴蝶图案的贴法应该是:

  6号位置贴图案C(方翅方斑);

  8号位置贴图案B(三角翅方斑);

  9号位置贴图案A(圆翅三角斑)。

37.下降。

38.排成一条直线,是从空中往下看时的情景,从平地上看,可做出如下图的考虑。当然,我们不清楚能看到的另一根木桩是10根中的哪一根,下图只是做了假设。但是,不管怎样,如图10根中有9根重叠,看上去形同一根,同时也能看到位于高地上的另一根,一共能看到两根。

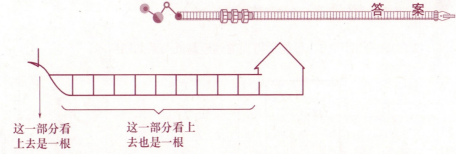

这一部分看上去是一根

这一部分看上去也是一根

39. 也许你已经猜想到第三种自叠合的线，是一种不能在平面上画出来的线。它叫作圆柱螺旋线——一种盘旋着穿过空间的线，就像开瓶塞的钻头或理发店旋转招牌上的线条那样。如果你仔细察看下图，你便可看出这种螺旋线的任何部分都能与任何其他部分叠合。

螺旋线还有其他一些种类，但唯独圆柱螺旋线是自叠合的。圆柱螺旋线是一种沿着具有圆形截面的柱体以一个固定的角度而盘旋的线。其他的螺旋线，是那些沿着具有非圆形截面的柱体或者沿着锥体而盘旋的线。

螺旋线具有许多有趣的性质，它们经常在物理学、天文学、化学、生物学和其他学科中出现。

40. 可以验证一下。任意选一个出发地，例如可从图中最左边角落那一级阶梯出发。首先沿着"步步高升"的方向，走完一面墙的阶梯，这一段路全是上坡。接下来，"永无止境"墙上的阶梯，也都是上坡。继续前进，第三段路还是上坡，第四段路还是。一路上坡，环行一圈，返回原地。

41. 举目望鸟，觉得画鸟的面向上凸起，画鱼的面凹陷在下。垂目观鱼，却发现画鱼的面向前凸起，画鸟的面凹陷在后。再看，鸟儿又飞到上面来了。再看，鱼儿又冲到前面来了。

看来看去，随着目光往返移动，小动物们争先恐后，往我们身边靠拢，表示热烈欢迎。其实，造成魔幻动感的关键，并非图中振翼的鸟和摆尾的鱼，而是那几条简简单单的直线。

这些画在平坦纸面上的直线，适当组合，形成立体感。由于设计精巧，它们形成的不是单一的一种立体感，而是两种互相对立却又和谐共处的立体感，随着观察角度的变化，产生不同的凹凸印象，获得动画效果。

立体几何在平淡的外表下，隐含着丰富的变化和趣味。立体几何充满创造性和挑战性。

42.在某一瞬间看去，可能觉得面的远近高低关系如图所示。

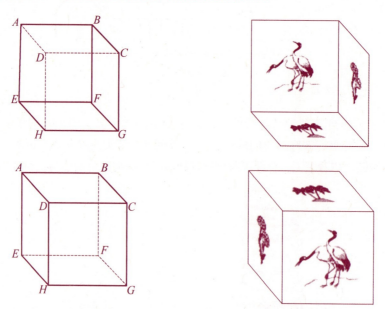

在立体几何里，既要画出一个正方体的每条棱，又不希望在远近高低方面产生错觉，于是设想在正方体每个面的正方形边框里都镶嵌了窗玻璃，未被玻璃遮挡的棱画实线，被遮挡的棱画虚线。这样就能兼顾完整和明确，两全其美。

43.这个楔形榫是沿着对角线方向锯开的，而不是像徒弟们所想的平行于立方体表面的方向。

 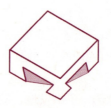

44.顺着图中的粗线将纸盒剪开，再沿着虚线处将A与B两块黏合，形成盒子的中央分隔部位，并使两片盖子可以此为底轴任意开关。接下来便可很轻易地折出题目所要求的盒子。

解题的关键在于两片盖子的底轴位于同一处。当这个关键问题解决之后，要找出符合要求的设计并不难。

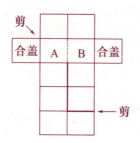

45. A。球会滚过去又滚回来停留在A处。
46. 会上升。
47. A、B上升，C、D下降。
48. 遗言是用没有墨水的钢笔写的，但却在纸上留下了凸凹的痕迹，被马克斯敏感的指尖摸了出来。
49. 原来他首先考虑到一个关键问题，那就是：为什么小偷只偷纸币，不偷硬币。有人或许会说，硬币币值小。当然，不能不承认这种看法有点道理，但略一想，问题的症结不在这里，而是小偷更注重解决的是偷了后怎么不被发现。因此老人的思考就从"如果纸币偷走后，藏在什么地方可以不被发现"这一点出发，根据这样的思路，他想到了冷饮店门口不远处的那只邮筒，那是藏纸币的好地方，警察也不能随便检查。可以设想：小偷用信封事先写好自己的姓名、住址，然后用最快的速度将偷到的纸币装进信封，丢进邮筒。在这里，老人就考虑到小偷改变了往常偷东西的程序，断定他是用邮筒作案的，他推算了一下邮件的传递时间，所以敢自信地对女记者下结论。
50. 投毒的凶手是贝拉。他的作案工具是那只吸了毒液的老式钢笔。
51. 1 000万元的赎金其实并没被拿走。因为司机本身就是绑匪。他趁着挖坑埋旅行包时，挖了一个较深的坑，先将钱埋在下层，然后再把空旅行包在上层埋起来。这样就造成了一种不见人来取而钱不翼而飞的假象。

第4章　判断思维

1. 将缸中的水减少，直至冰块浮出水面2厘米。
2. 从当年10月到来年的3月左右，是北极圈的长夜。因此，圣诞节前一天，在北极圈内是无法看到阳光的，也就无法用阳光生火了。
3. 方法一：白天看太阳，中午12时太阳在正南，早上6点在正东，下午6点在正西。
   方法二：找木桩，年轮稀的是南，密的是北。
4. 由于两地所处纬度不同，受地球引力不同，在奥斯陆重力加速度为9.81秒每平方米，在墨西哥城重力加速度为9.78秒每平方米，所以甲为冠军。
5. 2万公里多几米。先稍微偏离地球极点，绕极点转一圈，就算跨过了所有的经度线。然后再从一个极点沿着经度线到另一个极点，这样，就可以跨过所有的纬度线。若把地球看成一个正球体，则北极到南极的距离就是地球周长的1/2，也就是2万千米。因此，按假设的定义，走2万公里多几米就能达到环球旅行的目的。
6. 如果真是文物，就不会铸有"公元前55年造"的字样。因为我国到民国初才开始使用公元纪年，所以古铜镜肯定是假的。这道题是常识题，在做智力题时，有时也要从常识方面去考虑。
7. 南来和北往都是往北去的，可以顺利过桥。
8. 因为企鹅潜水本领不大。它嗉囊里的石子，不可能是从海底衔上来的。唯一可能是附近有陆地，在那里吃的石子。

9.很多人看到此题都会立刻下笔运算，但仔细审题你会发现地主是让他俩各包一半，当然工作量就是一人一半，工钱是与工作量有关的，与他们的工作速度并无关系，工钱自然均分，所以一人10两银子。

10.图1停止，图2启动。

11.影子一样大。因为两架飞机的高度相差只有20 m，太阳离我们是很远很远的，太阳光几乎是平行的。

12.仍降落在原处。直升机虽然停在空中，仍没有脱离地球引力的范围。地球自转，直升机也随着在转，所以直升机降在原处。

13.小孩获胜。因为大力士的质量大于小孩的质量，大力士越用力，就越快地通过滑轮把小孩拉向顶端。

14.船会离岸移开。当人在船尾向岸上抛西瓜的时候，人将受到方向相反的反作用力，使船向船头方向前进。

15.船工说错了。因为下雨时雨水会打进船舱，船的质量增加，吃水线会加深。

16.纸杯子肯定是烧不着的。我们知道要点着火必须做到有燃料、氧气、热源，还要达到燃点。显然，现在有燃料（纸杯子），也有大量氧气（周围的空气中含氧），还有热源（火柴），所缺的就是达不到燃点。用火柴烧纸杯子底部时，所产生的热都被杯子里的水吸收了，使纸杯子无法达到燃点，纸杯子也就烧不着了。

17.只要水里有冰，温度总是保持在0摄氏度，用来给锅加热的热能并没有消失，而是都用来融化冰了，一点也没有用来加热锅里的水。当冰化完后，再继续加热，热能就会使水温提高了。

18.什么也看不见。因为各个方向都铺满了镜片，又无缝隙，进不了光线。

19.不可信。要抛起铁球，必须对铁球施加一个作用力，铁球对抛球的人又产生一个反作用力，这时候桥受的力就超过了一个人再加一只铁球的重量。另外，下落的一球，在落到手上的一刹那，由于有一个下落加速度，也超过了原来重量。所以不能安全过桥。

20.用一样的力度在地上对两球进行旋转，两球重心到内壁中心距离不同，速度不同，旋转速度快的是金球。

21.不对。加热后孔将变大。这是因为，孔外面的金属可以看成是由一个条形的材料弯成的圈。加热的时候，金属条伸长，所以原来的孔变大了。

22.这是因为木屑本身的强度比蜡大，它在蜡中起"骨架"作用。人们在水泥中加进砂石制成混凝土，不仅节省水泥，而且还能提高强度，道理完全相同。

23.装水的瓶子。这是因为瓶子向下滚的时候，水是不滚动的，而泥砂会随着瓶子一起滚动，瓶子要带动泥砂一起滚动，所以也就滚得慢了。

24.举重冠军不能把石头拉上去，这与他的臂力无关，因为石头比他重，所以，举重冠军用尽力气，也只能两脚腾空，挂在绳子上，石头不会动。

25.为了便于思考，我们把盖上的小孔想象成一个圆环，然后把这个圆环想象成是由许多细金属丝圆环粘起来的，再把这些细丝切开。想一想，每根金属丝在加热的时候是伸长还是缩短？当然是伸长。如果将加过热的金属丝再弯成一个圆环，它的直径是增大了还是减少了？当然是增大了。用这种理想实验的方法把圆环拆开再恢复原状，就把问题解决了。结论是，任何中空的东西受热以后都要比原来大。

想几个生活中的例子，瓶子盖打不开，在热水里一烫就能打开，如果受冷后内径变小就会紧了。工业上利用这个方法给车轮镶上一个钢箍以减少磨损。其方法是把钢环加热，套在轮子上。钢环冷了以后，内径缩小就紧紧箍在车轮上了。

26. 灌热水瓶的时候，水搅动了瓶内的空气，使空气振动发出声音，和吹瓶子一样，空气柱越长发出的声音越低。随着水面的升高，瓶内空气柱不断地减少，音调也就跟着升高，当你听到声调升高到一定程度的时候，就知道热水瓶已经灌满了。

27. 你也许会这样想：当船头的人扔球的时候，船尾的人随着船的前进，向球靠近，因此，球移动的距离可以短一些；而当船尾的人扔球的时候，情况正好相反。由此得到的结论是：船头的人扔球比较省力。这种想法不正确。实际上，两个人谁也不比对方省力。由于惯性的作用，船上的一切东西都和船有相同的速度，所以在匀速运动的船上扔球和在静止的船上扔球是一样的。

顺便说一下，这里排除了空气相对于船的流动的影响。当船速较低的时候，这种影响不大。如果在密闭的船舱里做扔球实验，上面说的结论就是完全正确的。

28. 你如果不假思索，会以为旗子和气球一样，是向着北方飘动的。实际上，尽管空中有风，旗子并没有因为有风而飘动起来，它仍然下垂着，同没有刮风的时候一样。这是因为被风吹走的气球和它周围的空气是相对静止的。在气球上感觉不到周围有风，系在气球下的旗子等于处在无风的环境里，所以飘动不起来。这个问题也可以说成是旗子向北方飘动了，但是由于气球也向北飞行了，旗子相对于气球是静止的。

29. 福尔侦探指给青年医生看的是计时的跑表。因为被害人是田径教练，身上总不忘带着计时的跑表。因此，当福尔侦探从尸体的衣服口袋里发现跑表时，指针指在21分36秒上。在被罪犯击中头部摔倒时，碰巧触动了表把，秒表开始计时。

30. 金斯口袋里只有一枚金币，因此不可能发出叮当的声响。

31. 福尔侦探看到鸟还在鸟笼子里，便断定为他杀。如果是爱鸟协会会长，那么在自杀之前应将小鸟放飞，给小鸟们自由。如果自杀后长时间不被发现，小鸟们会因断食断水而死掉。爱鸟家对小鸟的爱要超出常人的一倍，而将小鸟关在笼子里就自杀，是不可想象的。

32. 平板三轮车顺山坡滑下，速度越来越快，它的动能也在急剧地增加。如果这个能量完全作用在小夏身上，那么他肯定会粉身碎骨！可是，幸亏车的前叉子折断，抵消了大部分能量；车身破裂又抵消一部分，所以小夏才能够安好无恙。在日常生活中，可以发现汽车前面安置了保险杠（即车身前部那条横着的金属带），就是为了万一发生事故时吸收能量用的。

33. 福尔断定安娜并不像桑德斯说的那样打算参加演出，因为一个大提琴手不可能穿紧身的裙子演奏（乐队指挥拉兹罗说，乐队的女乐手演出时穿的是拖地的黑裙子和白衬衣）。

34. 虽然往返于网球场的足迹都是老约翰的长靴子踏出来的，但出去时的足迹和回来时的足迹深浅不同。因为回家时的足迹是卡特扛着老约翰留下的，在两个人的重压下，雪

地上留下的足迹当然较深一些了。

35. 13朵玫瑰花放在窗台的花瓶里，既然已经枯萎凋谢，在窗台、地板和地毯上应该找到落下的花瓣，不可能"只有一点儿灰尘"而"没有别的东西"。所以柯南认为这些花瓣是在凶手清除血迹时一同打扫的。

36. 作案时间是12点05分。计算方法很简单，从最快的手表（12点15分）中减去最快的时间（10分钟）就行了。或者将最慢的手表（11点40分）加上最慢的时间（25分钟）也可以。

37. 只有C教练才有可能杀死P先生。A教练的队参加的是锦标赛，当他们与绿队踢成3∶3平局时，还得延长30分钟决胜时间，再要加上10分钟的路程时间，就是不再加上中间休息时间，他也不可能在17:10前到达P家。一场橄榄球赛需要80分钟，还不包括比赛时的中间休息，再加上60分钟的路程时间，那么，B教练在17:20之前是不可能到达P家的。足球比赛全场是90分钟，即使加上中间休息15分钟和路程20分钟，C教练也完全有可能在作案之前的17:05，即在枪响之前1分钟，到达P家的。

第5章 演算思维

1. 它们绕一周的天数分别是88、225、365、687、4 380，求出最小公倍数。最后得出5、4、3、73、22、15、1、229、1，再相乘等于330 996 600，再去除以365天等于906 840年。

2. 曲中除运用一千里、孤帆、一夜、三处等数目字外，加法分析运用巧妙，城头+江心+山顶=三处，渲染出作者的忧愁及悲寂的游子情怀。

3. 人生百年，就常人而言，先减去无法过的后三十年，只能按七十岁来计算。七十岁，减去十岁顽童，再减去十岁尪羸，等于五十年。接着又用除法，五十年的一半是白天，一半是黑夜。

4. 一年三百六十日，百年三万六千场。乘法运用不着痕迹，非常巧妙。

5. （1）曲中巧妙运用了除法分析法，将天下分为三分：一分西蜀，一分江东，一分北魏。

   （2）曲中巧妙运用了除法。古时夜里以击鼓计时，每夜五更，二十五点除以五等于五，是五个夜晚。

6. 王冕取第一个月的工钱时，断开了第三个环，并将第三环取走。

   第二个月将第一个月取走的银环退回，换走第一、二两个连接在一起的银环。

   第三个月再把断开的那只银环取走。

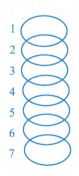

第四个月用前三个月领得的三个银环，换回4、5、6、7四个银环。

第五、六、七个月的取法分别与第一、二、三个月取法相同。

7.不妨先假定1 000个全买甜果，甜果好吃。

因为每9个甜果要花11文钱，所以买1 000个甜果要用的钱数是

$$\frac{11}{9} \times 1\,000 = \frac{11\,000}{9}$$

甜果贵，苦果便宜，全买甜果多花的钱是

$$\frac{11\,000}{9} - 999 = \frac{2\,009}{9}$$

要把多花的这些钱省回来，就要拿出一些甜果去换回同样个数的苦果。每拿一个甜果换回一个苦果，节省的钱数是

$$\frac{11}{9} - \frac{4}{7} = \frac{41}{63}$$

所以应该换回的苦果个数是

$$\frac{2\,009}{9} \div \frac{41}{63} = \frac{2\,009}{9} \times \frac{63}{41} = 343$$

还剩下的甜果个数是

1 000－343=657

因而答案是：甜果657个，苦果343个。

容易验证，这时买甜果的钱是803文，买苦果的钱是196文，总数恰好是999文。

8.此题的解是：（100－1）÷（1+1+1/2+1/4）=36。

9.这题可用假设法求解。现假设大和尚100个，小和尚人数是（3×100－100）÷（3－1÷3）=75，大和尚人数是100－75=25。

10.因为大船和小船的只数相同，可将1只大船和1只小船配成1组，只需求出有多少组船。

从每4只小船装300袋盐，得到1只小船装的盐袋数是

300÷4=75

因而3只小船装的盐袋数是

75×3=225

又知道3只大船装500袋盐，所以3只小船和3只大船共计装盐袋数是

225+500=725

就是说，每3组船装725袋盐。总共有4 350袋盐，所需船的组数是

4350÷725×3=18

所以共有18只小船和18只大船。

11.每两肉价钱（文）是：（40+16）÷（16－9）=8

哑子带的钱（文）：8×16－40=88

哑子能买到的肉：（88÷8）两=11两（注：旧制1斤=16两）

12.各层倍数和：1+2+4+8+16+32+64=127

顶层的盏数：381÷127＝3

13.141岁。上联的"花甲"是指60岁，"重开"就是两个60岁，"三七"是21岁，就是（60×2＋7×3）岁＝141岁。下联的"古稀"是指70岁，"双庆"就是两个70岁，多"一度春秋"就是多1岁，也就是（70×2＋1）岁＝141岁。

14.(一) 22只鸡，14只兔。

鸡2只脚，兔4只脚，若36只全是鸡，则少了14双脚。当一只兔子被当作鸡算时就少了一对，所以兔子应是14只，鸡应是（36－14）只＝22只。

(二) 15只鸡，15只兔。

因为鸡兔头数相等，则把鸡和兔编成组，使每组各有一只鸡和一只兔，这样，每组共6只脚，一共90只脚，应有（90÷6）组＝15组，所以分别有15只鸡和兔。

15.一个大灯球下缀两个小灯球当是鸡，一个大灯球下缀四个小灯球当是兔。

(360×4－1 200)/(4－2)＝240/2＝120（一大二小灯的盏数）

360－120＝240（一大四小灯的盏数）

16.可算出鸭子的总数为：15÷（1－1/2－1/4）＝15÷1/4＝60。

17.可以这样来思考：小猴要摘的果子一共是378个，用去的时间一共是6天。6天中，一天比一天少摘一半的果子，因此，可把最后一天摘的果子数看作一份，这样倒推就知，第五、四、三、二、一天各摘的果子就是2、4、8、16、32份。先求出总份数：1＋2＋4＋8＋16＋32＝63。所以，第六天摘的果子个数是：378÷63＝6；第五天摘的果子个数是：6×2＝12；第四天摘的果子个数是：6×4＝24；第三天摘的果子个数是：6×8＝48；第二天摘的果子个数是：6×16＝96；第一天摘的果子个数是：6×32＝192。

18.设客人数为x，则得方程：

$$4x + 4 = 8x - 8$$

解得：$x = 3$，$4 × 3 + 4 = 16$

客人3人，银16两。（注：旧制1斤＝16两，半斤＝8两）

19.上联是讲蛇的长度，九寸加十分是一尺（旧制长度单位进率是1尺＝10寸，1寸＝10分）；下联是讲鸭的只数，三双加一只是七只。

20.其四行四列及八条泛对角线所含四数之和都等于34。而且每个正方形、每个等腰梯形（如14，7，10，3）和每个平行四边形（如4，15，13，2）上的四个角所含四数之和均为34。

4	14	7	9
15	1	12	6
10	8	13	3
5	11	2	16

第一类四阶完美幻方

这首《别离情》诗，惟妙惟肖地描述了四哥与十四姐别离后的思念之情。他们每年只有六天见面时间，每见面一次总要穿山越岭，有一个艰难的旅程。离愁别恨，望着浓浓的云月，触发思念情绪，作诗感叹，就这样两地相望已十六年了。此诗不仅能够将和谐美妙的数字巧妙地砌入诗中,而且又能真切地表达别离思情,为人们留下了文理共赏的绝妙好词。

21.此诗所用数字构成第二类四阶完美幻方,其性质与第一类相同。

6	9	4	15
3	16	5	10
13	2	11	8
12	7	14	1

第二类四阶完美幻方

这里描写了一个少年学艺的过程,他11岁就八方云游寻找师父,12岁就有七位老师给他教功夫,13岁就有两手高招。他每天三更开始苦练各种套路招式,一年四季,住在9米高的围墙中天天如此,到14岁已身藏绝技很了不起了。此诗巧妙地将幻方中11、12、13、14各数字用作少年成长的过程。一个志高的少年被表现得活灵活现,算是一首千古绝唱的诗了。

22.此诗所用数字构成第三类四阶完美幻方,其性质也与第一、二类相同。

4	5	16	9
15	10	3	6
1	8	13	12
14	11	2	7

第三类四阶完美幻方

这首诗描写了一个山湖园林的景色。重峦叠峰中,五桥连着四方的园林,街头长廊、杨柳翠砭,湖中山色映出八个险洞,十分壮观迷人,楼阁宫殿,花坛草坪,分布在湖岸边上,一个美妙秀丽的景色历历在目,时值七月,正是景色最秀丽的时候,这是作者第二次到这里观光了。

23.阿凡提15天向他借的金币的个数依次是:1、2、4、8、16、32、64……这样,阿凡提借的金币个数一共是:

$$1+2+4+8+\cdots+16\,384=32\,767$$

阿凡提15天应该还给他的金币个数是:

$$1\,000\times15=15\,000$$

这样,高利贷者赔了17 767个金币。

24.这个问题看起来很复杂,其实却是出人意料的简单。因为每小时甲走3千米,乙走2千米,所以甲乙二人相遇共走了10小时,这表明狗也跑了10小时,因此狗一共跑了50千米。

25.可以将这道题归结为简单方程。设共有x只蜜蜂,由条件得

$$\frac{1}{3}\times x+\frac{1}{5}\times x+3\times\left(\frac{1}{3}\times x-\frac{1}{5}\times x\right)+1=x$$

解这个方程,得到$x=15$,共有15只蜜蜂。

26.这是一个等比数列求和的问题:$7+7^2+7^3+7^4=2\,800$。

27.设湖水在这里深x尺,依题意列方程,答案是

$$(x+\frac{1}{2})^2=x^2+22$$

解得：$x=3.75$

28.可以利用分数来解：

$$6÷\left(1-\frac{1}{3}-\frac{1}{5}-\frac{1}{6}-\frac{1}{4}\right)=120$$

　　古代印度人解这道题，用的方法和我们不同，他们喜欢用"假设法"。假设原有莲花180朵，那么献给四神共需莲花数，因为

$$180×\left(\frac{1}{3}+\frac{1}{5}+\frac{1}{6}+\frac{1}{4}\right)=171$$

还剩下9朵。但是实际剩余6朵，所以实际上原有莲花数目是

$$\frac{180×6}{9}=120$$

　　这种"假设法"以乘代除，先假设一个不要太费脑筋的假想原有数目，算出应有结果；再与实际结果比较，按照比例，180朵剩9朵，多少朵剩6朵呢，这样就容易得出答案。

29.走同样长的路程，所用的时间和速度成反比。已知

　　　　提空桶行走的速度：提满桶行走的速度=5：3

从反比关系得到

　　　　提空桶行走的时间：提满桶行走的时间=3：5

来回一趟共计用8分钟，刚好8=3+5，所以

　　　　提空桶行走的时间=3分钟=180秒

蓝精灵的住地到河边的距离是（5×180）米=900米。

30.这里关键不是数量的多少，而是数量的关系。细分析遗嘱，不难看出，妻子和儿子的数量相同，妻子的数量是女儿的2倍。有了这个关系就不难分配了：妻子和儿子各得总数的五分之二，女儿得总数的五分之一。

31.15头。因为15头的半数是7.5头，再加半头就是8头，余下7头。7头的半数是3.5头，再加半头是4头，余3头。3头的半数是1.5头，再加半头是2头，余1头。1头的半数是0.5头，再加半头是1头。

32.邻居牵出自己的一头牛，这样一共就有了18头牛。二分之一，得9头；三分之一，得6头；九分之一，得2头。正好分去17头，最后仍剩下这位邻居自己的那头牛。

33.原来公主发现：无论从哪一枚金币开始数，只要是每次把第17枚金币拿掉，最后留下来的一枚就是最初开始数的第三枚金币。于是，在仪式中她毅然地选择了乔治前面第二个人作为起点开始计数。

　　公主之所以如愿以偿，是由于"悟出了道理"，选准了计数的起点。这种从结果出发，一步步往前逆推的方法是一种重要的思维方法，因而常常成为一些对策游戏的取胜之道。

34. 每位缪斯原先有48只苹果，而每位美惠女神有144朵花，每种颜色36朵。每位缪斯给每位美惠女神4只苹果，而每位女神又回赠每位缪斯12朵花（每种颜色3朵）。如此互赠之后，每个人都有36只苹果与36朵花（每种颜色9朵）。

35. 以四个金片为例，动手验证一下：

一个金片，只需一步，直接放入第三根棒。

两个金片，三步完成：先把小金片放入第二根棒，再把大金片放入第三根棒，再把小金片转移到第三根棒。

三个金片，第一片就先移到第三根，借助前两根棒，把最大的一片放到最上面；然后再把最小金片从第三根棒上移走，清空第三根棒，把最大的一片放在最底下，然后按规定摆放。实践证明，最少七步完成。

这时，我们可以总结一下规律，就可以发现：如果金片是单数，第一片就先移到第三根，如果是双数，就先移到第二根。

四个金片，情况就比较复杂了：要把最大的金片移到第三根棒，其他的三个金片就必须移到中间一根棒。前面三个金片移到第二根棒需要七步，把最大的移到第三根棒是第八步，最后把三个金片从第二根棒移到第三根棒，又是需要七步，刚好7+1+7=15步。

这时，我们就可以归纳总结一下了：当金片是x时，需要多少步？

通过四个金片，可以清楚地列出了这么一个表格：

一个金片　一步完成

两个金片　三步完成

三个金片　七步完成

四个金片　十五步完成

有什么规律呢？

仔细观察，就不难发现：如果有x个金片，那完成的步数就是2^x-1。如果金片增加到5个，完成的次数果然是2^5-1，即31次。

根据"2^x-1"这个公式，传说的谜底就藏在$2^{64}-1$的算式里。但这个数究竟是几？恐怕只有通过现代的计算机才能准确算出，答案是18 446 744 073 709 551 615。可以根据这个答案推算一下需要多少次：假设搬一个金片要用一秒钟，18 446 744 073 709 551 615÷3 600＝5 124 095 576 030 431（小时），再除以24等于213 503 982 334 601（天），除以365等于584 942 417 355（年），约等于5 849（亿年）（剩下的零头，也是天文数字）！

太阳的寿命是100亿年。当太阳走到生命的终点时，地球上的一切生命也不可能存在了，那时候或许就是所谓的"世界末日"。但现在我们可以知道了，即使真的到了"世界末日"，这个任务也无法完成！难怪这位古印度的数学家要发笑！

36. 丢番图的墓志铭中出现的分数$\frac{1}{6}$、$\frac{1}{12}$、$\frac{1}{7}$、$\frac{1}{2}$都是以丢番图的年龄作为单位"1"的，因此，他的年龄一定是这几个分数分母的公倍数。6、12、7、2的公倍数有84、168、252、……丢番图不可能活到168岁或更大的年龄，因此得出丢番图活到84岁。

另外，根据墓志铭的叙述，可以列出下面的算式：

$$(5+4) \div \left(1 - \frac{1}{6} - \frac{1}{12} - \frac{1}{7} - \frac{1}{2}\right) = 9 \div \frac{9}{84} = 84$$

所以丢番图活了84岁。

37.因为每过一道门都被看门人拿去当时苹果数目的一半再加一个，又知道走出第七道门离开果园时，只剩下1个苹果，所以未出第七道门时的苹果个数是

$$(1 + 1) \times 2 = 4$$

同理继续往前倒推，未出第六道门时的苹果个数是

$$(4 + 1) \times 2 = 10$$

未出第五道门时的苹果个数是

$$(10+1) \times 2 = 22$$

未出第四道门时的苹果个数是

$$(22 + 1) \times 2 = 46$$

未出第三道门时的苹果个数是

$$(46+1) \times 2 = 94$$

未出第二道门时的苹果个数是

$$(94+1) \times 2 = 190$$

未出第一道门时的苹果个数是

$$(190 + 1) \times 2 = 382$$

这样就得到，这个人在果园里一共采了382个苹果。

38.慷慨的国王哪里知道，这聪明的宰相所要求的麦粒个数为：

$$1+2+2^2+2^3+2^4+\cdots\cdots+2^{63}=2^{64}-1=18,446,744,073,709,551,615。$$

这是一个庞大的天文数字。这么多的麦子，远远超过全国的总收成，而这麦子数是当时全世界两千年内所生产的全部小麦总数，国王当然不知道。

39.根据题意，铜像手中的水管单独开放，3天注满水池，所以1天可注入水池的$\frac{1}{3}$；铜像眼中的水管单独开放，1天刚好注满1水池；铜像中的水管单独开放，$\frac{2}{5}$天注满水池，1天可注入水池的$\frac{2}{5}$；由此可见，三管齐放，1天流出的水量是这个水池容量的

$$\left(\frac{1}{3} + 1 + \frac{5}{2}\right)倍 = \frac{23}{6}倍$$

所以注满水池所需的时间是

$$\left(1 \div \frac{23}{6}\right)天 = \frac{6}{23}天$$

三处同时放水，$\frac{6}{23}$天注满水池。

40.因为每个城市征收的税率都是一半又三分之一，即

$$\frac{1}{2} + \frac{1}{3} = \frac{5}{6}$$

所以每过一个城市，这位商人的钱都只剩下进城前的

$$1-\frac{5}{6}=\frac{1}{6}$$

经过3个城市,最后剩下11个大黑康,所以原有钱数是

$$1\div\frac{1}{6}\div\frac{1}{6}\div\frac{1}{6}=11\times6\times6\times6=2\,376$$

即这位商人原来有2 376个大黑康。

41.在绳的下端系一重物,然后拉开一个小的角度,让它自由摆,只要测出来回摆动一次所需的时间,就可以算出绳子的长度。绳长近似等于0.25乘以"来回摆动一次所需的时间"(以秒为单位),绳长单位是米。

42.手稿中的解法是这样的:在12年内,第一个木匠可造12所房屋,第二个木匠可造6所,第三个木匠可造4所,第四个木匠可造3所,因而四个木匠在12年时间内共可造房屋25所,所以他们合作造一所房屋所需的时间是

$$(365\times12\div25)\text{天}=175\frac{1}{5}(\text{天})$$

在上面的解法里,巧妙地利用了最小公倍数:取四个木匠造一所房屋所需时间的最小公倍数12年,在12年时间里各人所造的房屋数量都是整数,计算起来就方便了。

43.在牧场上放牛,牛不仅要吃掉牧场上原有的草,还要吃掉牧场上新长出的草。因此解答这道题的关键是要知道牧场上原有的牧草量和每星期草的生长量。

设每头牛每星期的吃草量为1。

27头牛6个星期的吃草量为27×6=162,这既包括牧场上原有的草,也包括6个星期长的草。

23头牛9个星期的吃草量为23×9=207,这既包括牧场上原有的草,也包括9个星期长的草。

因为牧场上原有的草量一定,所以上面两式的差207−162=45正好是9个星期生长的草量与6个星期生长的草量的差。由此可以求出每星期草的生长量是45÷(9−6)=15。牧场上原有的草量是162−15×6=72,或207−15×9=72。

前面已假定每头牛每星期的吃草量为1,而每星期新长的草量为15,因此新长出的草可供15头牛吃。今要放牧21头牛,还余下21−5=6头牛要吃牧场上原有的草,牧场上原有的草量够6头牛吃几个星期,就是21头牛吃完牧场上草的时间,72÷6=12(星期)。

也就是说,放牧21头牛,12个星期可以把牧场上的草吃光。

44.赢了4局的拿这个钱的3/4,赢了3局的拿这个钱的1/4。为什么呢?假定他们俩再赌一局,或者A赢,或者B赢。若是A赢满了5局,钱应该全归他;A如果输了,即A、B各赢4局,这个钱应该对半分。现在,A赢、输的可能性都是1/2,所以,他拿的钱应该是1/2×1+1/2×1/2=3/4,当然,B就应该得1/4。

45.在图1中,用粗线画了两个并排站立的长方形,表示两块草地。两个长方形的底边长度相等,大长方形的高是小长方形高的两倍,这表示大块草地的面积是小块草地面积的2倍。

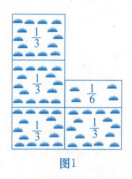

图1

托尔斯泰想，因为在大块草地上割草队全队割了半天，接下来全队的一半人又割了半天，刚好割完，所以这一半人在半天时间里收割了大块草地的 $\frac{1}{3}$。小块草地的面积是大块草地的 $\frac{1}{2}$，割草队的一半人收割半天以后，所剩面积是大块草地的

$$\frac{1}{2}-\frac{1}{3}=\frac{1}{6}$$

这剩下的 $\frac{1}{6}$ 由一个人最后单独用一整天时间割完，而在前一天里全队收割的草地面积是大块草地的

$$1+\frac{1}{3}=\frac{4}{3}=\frac{8}{6}=\frac{1}{6}\times 8$$

所以割草队共有8人。

由于画图帮助思考，使解题过程变得简捷明了。

46.当两个水管都打开时，从一个水管1分钟注入的水占木桶的 $\frac{1}{24}$，从另一个水管1分钟注入的水占木桶容积的 $\frac{1}{15}$；而1分钟从小孔流出的水为木桶容积的 $\frac{1}{120}$。因此，

$$\frac{1}{24}+\frac{1}{15}-\frac{1}{120}$$
$$=\frac{5}{120}+\frac{8}{120}-\frac{1}{120}$$
$$=\frac{12}{120}$$
$$=\frac{1}{10}$$

即1分钟木桶中积有的水为木桶容积的 $\frac{1}{10}$。

$$1\div\frac{1}{10}=10$$

所以，经过10分钟水桶才能注满。

47.填数之前，先看看图中有哪7个等腰三角形。

从图1中首先看到4个小三角形，其中有3个分别在图形的左上部、右上部和下部，另一个在图形的中间。然后看到3个大三角形，它们各有一边在图形的六角形边界上，这一边所对的顶点在六角形的内部。

图形外围的6个圆圈，各属于一个小三角形和一个大三角形；图形中间的三个圆

圈，每个都同时属于两个小三角形和一个大三角形。

先考虑角上的3个小三角形，它们各据一方，互不干扰。其中每个小三角形顶点上的3个数编成一组。要能解答这个填数问题，先要把1、2、…、9分成3个一组，使各组的和相等。这恰好就是刚刚做过的"均匀搭配"的问题，它的答案是：

$$9+4+2=8+6+1=7+5+3$$
$$9+5+1=8+4+3=7+6+2$$

由此可见，9、8、7这3个数，每一个都只能属于两个不同的等腰三角形，并且每两个都不能填写在同一个等腰三角形的顶点上。因而9、8、7必须相间排列在图形的六角形边界上，如图2所示。

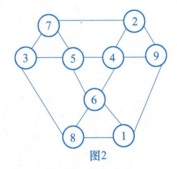

图2

48. 22.5英里。先计算出拉塞尔走回家需要的时间。在这段时间里，斑点一直以一定的度在跑，因此，很容易计算出这段时间内斑点跑的距离。拉塞尔以每小时4英里的速度走了10英里，用去的时间是2.5小时。斑点也以每小时9英里的速度跑了2.5小时，也就是说它跑了22.5英里。

49. 要明白"15点"游戏的道理，其诀窍在于看出它在数学上是等价于"井"字游戏的！使人感到惊奇的是，该等价关系是在著名的3×3魔方的基础上建立的，而3×3魔方在我国古代就已发现。

要了解这种魔方的妙处，先列出其和均等于15的所有三个数字的组合(不能使两个数字相同，不能有零)。这样的组合只有8组：

1+5+9=15，1+6+8=15，2+4+9=15，2+5+8=15，2+6+7=15，3+4+8=15，3+5+7=15，4+5+6=15

现在我们仔细观察一下以下独特的3×3魔方

$$\begin{matrix}2 & 9 & 4\\ 7 & 5 & 3\\ 6 & 1 & 8\end{matrix}$$

应当注意的是，这里有8组元素，8组都在8条直线上：三行、三列、两条主对角线。每条直线等同于8组三个数字(它们加起来是15)中的一组。因此，在比赛游戏中每组获胜的三个数字，都由某一行、某一列或某条对角线在方阵上代表着。

很明显，每次游戏与在方阵上玩的"井"字游戏有相同道理的。那个艺人卡尼先生在一张卡片上画上幻方图，把它放在游戏台下面，只有他能看到(别人是无法看到的)。只有一种位置的幻方图结构，但是它可以旋转出4种不同的组合形式，而每种形式可通

过反射，又产生出另外4种形式，共8种形式。在玩这种游戏时，这8种形式中的每种都可用作秘诀，效果都是一样的。

在进行这种"15点"游戏时，艺人卡尼先生暗自在玩卡片画上的相应的"井"字游戏。玩这种游戏是决不会输的，假如双方都正确无误地进行，最后就会出现和局。因此，艺人卡尼先生很容易设置埋伏，使其必然获胜。

50.原来，按上午的卖法，大小茶叶蛋各有30只。但是如果以下午的卖法去卖，卖出5个为一批，那么当自己卖出10批后，已卖出20只大茶叶蛋，30只小茶叶蛋，也就是这时一元三只的蛋已经没有了，只剩下一元两只的蛋。这10个蛋按上午的卖法，应该卖到5元，但自己还是以两元钱五个的搭配方式卖出，只卖了4元，所以搭配的这60个蛋比分开卖的要少一元钱。

51.不是。如果你继续算下去，9×46=414，得到的是回文数，但是9×55=495，9×73=657，……此后的计算得到的数字都不是回文数，上述规律遭到了一定程度的破坏。可见，回文数的策源地不是9，而是99。

52.事实上，要抢到"100"就必须抢到"94"（为什么？）；要抢到"94"就必须抢到"88"；……这一系列制胜点的第一个为"4"，谁先报到"4"，谁就能最后报到"100"，所以第一个报数的人只要每次抢到制胜点便能稳操胜券！

53.每块黑皮有5条边，12块黑皮共有5×12=60条边，每块白皮有3条边与黑皮在一起，因此白皮共有（60÷3）块=20块。

54.这其实是一个"九宫格填数字"游戏。无论九宫格最后一行的数字是227还是226、225、224……横看和竖看都是一样的。也就是说，无论智利地震发生在2月27日还是2月26日、25日、24日……都能应验这个"地震九宫格"，要说这是冥冥之中的"天意"。看来，能够应验"天意"的日子还真不少。

55.在这里不能用10−(−10)=20这个算式计算。如果是一般数字的话，则依次为2、1、0、−1、−2，但这里是年代顺序，应变为2、1、−1、−2，因为公元0年是不存在的。同时，年号里也没有称为0年的年，而且生日前一天或后一天之差，在年龄上就是差一岁，所以该人年龄应该是18岁。

56.这里玩的是概率和加减运算。2011和2008之间相差3，所以在2011年里，只要让月、日相加得14，这个等式就成立了。在2011年里，月、日相加得14的日子有12天，也就是有1/30的概率与汶川地震有关系。而日本地震的日期3月11日也刚好是其中之一而已。如果你感兴趣并且有耐心慢慢计算，那么就会发现2011年里有超过1/3的日子，都能和过去的几个大地震的日子产生联系、产生"巧合"。只要大胆猜测、胡说八道，你也可以成为"预言帝"！以汶川地震为例，如果只算月和日，5+12=17，而17可以分为1+16=2+15=3+14=4+13=5+12=6+11=7+10=8+9=9+8=10+7=11+6=12+5，这12天，随便一天都可以说和汶川地震有"神秘的巧合"。如果不在这12天内，那么还可以算上年份。那样的话，概率就更大，能纳入参考的日子就更多，只要你有耐心比对历史，总能找出联系。

57.其实，第一次分牌后，观众所默记的那张牌，比如A牌，可能出现在任何一组的任何位置。然而，第二次分完后，A牌所在的位置只能是表中的8~14位号之一，这是因为8~14号上的那7张牌原先是一组被魔术师事先故意地放在中间一层的缘故。现在A牌不论被分入哪一个新组，它只是新组内中间的三张牌之一，即这组内的第三、第四或第五张。第三次分完后，A牌的位置只能是表中的10、11、12号位置之一了。道理是这三个位置上的三张牌是收拢前的A所在那组的中间三张。现在，由于10、11、12号位置分别是三个组的正中间，只要观众说出A在哪一组，魔术师把该组正中的牌抽出来就绝对正确。魔术的秘诀是每次叠放时把含A牌的一组放在中层而又不要引起观众注意。

58. 这个游戏的主旨就是乱中取胜，以一堆眼花缭乱的数字和加减规则弄晕玩家的脑袋，其实如果我们冷静点，套入一个数学公式，各种玄机就一目了然了。设QQ号第一位为N，出生年份为X，年龄为Y；所以$Y = (5N+8) \times 20 + 1\,849（1\,848）- X - 100N + 2 = 2011 - X$(生日过了)；或者$Y = 2010 - X$(生日没过)。这样就看清楚了，其实最终年龄的数字和最初那个QQ号数字一点关系都没有。这个问题的关键是第5步和第6步，你已经透露了你的出生年份。

59. 成立。这个女孩的生日是1月2日，这是她在12月31日说的话。即去年1月1日以前为19岁，第二天到20岁；今年1月1日以前为20岁，第二天到21岁。因此，明年的1月1日(明天)以前为21岁，1月2日(后天)生日这天到22岁。这是一个一看不可能，但在某种特殊条件下能成为现实的好例子。在思考这种不平常的现象的可能性时，最需要的就是：追溯事物的极限，然后展开思考。我们习惯于局限在日常生活的圈子里，只考虑日常所必需的有关问题，但是，有意识地尝试对现象进行极限观察(极大、极小、极限)，是使大脑灵活的重要训练方式。

60. 这是个简单的逆向运算。每个人的年龄都是由当年年份减去出生年份得出。晚出生一年的，年份大一，岁数少一，此消彼长，两个相加永远等于一个固定数。但这个游戏只在2000年前出生的人身上有效，如果碰到"00后"，这样的两位数计算公式就失效了。例如一个2000年出生的孩子，今年应该是11岁，11+00=11，就无法得出111这样的固定数字。

61. 显然，每个月只有前12天会出现这种混淆不清的局面。例如5月13日这样的日子，无论把它写成5/13还是13/5，都不会引起任何误解，因为一年根本不会出现13个月。但是值得注意的是，月和日相同的日子，如6月6日，也是不会引起误会的。所以真正会出现混淆不清的日子，一年中只有(12 × 12 − 12)天 = 132天。

第6章 认知思维

1. 由于管子细小，小气泡上升时反而阻碍了水的流动，水流动慢，大气泡的上升也就变得很难了。

2. 这说明，乌黑的烟灰是可以燃烧的炭。产生烟灰表明，燃料燃烧得不充分。

3. 物体燃烧就会产生火苗，而燃烧必须要达到一定的温度，还需要充分的氧气。水在蒸发时要从周围吸收大量的热，从而会使燃烧的东西降温。大量的水浇在燃烧的东西上，水就使燃烧的东西和空气隔离开来，一旦燃烧的火得不到空气中的氧就会熄灭。

4.（1）因为发令响炮是用氯酸钾和红磷混合制成的，发令时这些药品受到撞击，氯酸钾迅速分解，产生的氧气立即与红磷反应生成五氧化二磷，五氧化二磷为白色粉末，分散到空气中会形成大量白烟。

（2）因为工作人员在游泳池里撒了适量胆矾（化学式为$CuSO_4 \cdot 5H_2O$）的缘故，硫酸铜可以起杀菌、消毒作用，从而确保运动员的身体健康。

（3）此白色粉末为碳酸镁，俗称"镁粉"。它有很好的吸水性，能增大器械与手掌间的摩擦，使运动员能牢固地握住杠铃。

（4）体操运动员在做单杠运动前双手也涂上白色粉末，但这种白色粉末是滑石粉，主要成分为硅酸镁，具有滑腻感，能减小手心与单杠间的摩擦力，使运动员做动作时灵活自如。

5.铁燃烧是高速氧化作用。因为铁和空气中的氧结合成为氧化铁，而从中产生的温度超过了铁的熔点，而氧化铁的碎末不断下落，所以看起来就好像放烟花一样。

6.其实这种令人发笑的气体，叫作一氧化二氮，绰号叫"笑气"。它是没有颜色、有甜味的气体，人体吸入之后会对脑部神经形成刺激，不由自主地发笑，这种气体对人体没任何危害，是一种很好的镇痛和麻醉剂，30~50 s即产生作用；停止吸入后几分钟作用消失。镇痛作用强而麻醉作用弱。"笑气"作为麻醉剂，被医院长期使用。

7.聪聪的爸爸回答说：刷墙用的白灰是氢氧化钙，刷到墙上之后，又和空气中的二氧化碳发生化学反应而生成坚硬的碳酸钙和水，所以墙上所出的"汗"就是经过化学反应生成水的结果。

8.其实月亮围绕着地球转动也是这个道理，月亮是由于受到地球的吸引力，而在地球围绕太阳公转的轨道上面围绕着地球转动。

9.错误有：

（1）弯月总是向上凸着，不可能像拱门；

（2）弯月缺处并不透明，看不到背后的星星。

10.射向远处地面的太阳光，被反射到空中时，由于空气密度不均匀而发生折射，看到的是远处的景物所成的虚像。

11.天坛回音壁的砖墙很坚硬、光滑，是一个很好的声音反射体，对声音吸收得很少。通过回音壁传播的声音不像在空气中那样容易散开。当你讲话时，声音沿着围墙传播到一点，然后又从这一点传播到另一点，因而别人听到的你的声音好像就是从附近一点传来的。

12.秘密是由于空水壶的重心偏向一边，加上水以后重心慢慢地移到水壶的中间，重心通过水壶的支面，水壶可以站立。水太多了，重心就会向有水的那一半移动，最后重心又移出了支面，这样水壶又会翻倒了。

13.小丑之所以摔不倒，主要是他的那双大皮鞋保护了他。小丑的鞋很大，无论他如何跌撞，重心的垂直线都在鞋的支撑面范围内，或者说是在两只脚之间的连线内。这就保证了小丑的全身（包括衣服、鞋等物）的重力，在竖直方向的作用线始终都落在一个可靠的支撑面范围内。

14. 其实影子的由来是因为光是沿着直线传播的，当遇到不透明的物体时，光线被挡住了，这时它也决不会从物体旁边绕到后面去，因此物体背光的一面没有光线，形成了黑暗的一片，这样就形成了影子。影子的形状和大小不是固定不变的，它会随着光源的位置不断变化。在灯光下，离灯越远，影子越小；离灯越近，影子越大。

15. 地球。它的影子是黑夜。

16. 古代传说是燧人氏发明了"钻木取火"。把一根削尖的木棒插在一段树干的孔中，不停地转动和摩擦，就使木头燃烧起来。此外，战国时期庄子的《外物篇》中也有记载："木与木到摩则燃。"摩擦生热的现象在我们的日常生活与生产中也经常见到：冬天用双手互相摩擦可以取暖，打火机砂轮与电石摩擦发出火星，用砂轮磨车刀飞溅出火星……现象多不胜数。摩擦生热的事实有力地说明了热是一种运动，驳斥了"热本质"的各种错误观点。

17. 不能。因为没有氧气。

18. 其实报纸是用木浆制成的，是需要经过干燥工序把水分赶走，然后留下木浆中的纤维素，才能得到新鲜的纸张。新的纸之所以有韧性，完全是依靠纤维素的支持，但是空气中的氧气会和纸里的纤维素发生反应，这样纸就慢慢变成了黄色，而书中的纸张也是一样的道理，时间久了，就会变软、变脆。

19. 这和布的结构有关。布是以经线和纬线编织而成，最薄弱的环节就是单纯的经线或单纯的纬线，而受力方向往往是经线方向和纬线方向两个力的合力方向，这就是布的最牢固的方向。破坏总是从最弱点开始的，所以就形成了直角的裂口，也就是说这个破坏衣服的力量总是分解成相互垂直的分力，一个是沿纬线的方向，另一个是沿经线的方向。

20. 细长的鞭子在空中猛烈抖动，鞭子这种棒状物的后面就形成了空气的漩涡，从而引起空气振动发出声音。风吹树枝的道理与挥鞭子一样。在呈锐角的地方或缝隙的后面，刮风时也会形成这种漩涡，并发出"嗖嗖"的声音，而且根据风力的强弱，发出的音调高低也不同。

21. 水有一种罕见的特性，即当水温在4摄氏度的时候，其质量比任何温度的水都要重。由于水有这种特性，所以，当池塘的水面温度因寒冷下降到4摄氏度的时候，这层水就向下沉去。又因为4摄氏度以下的水虽然更凉，但质量却比4摄氏度的水轻，所以，这些水向上升，于是池塘的水面逐渐结上了一层冰。然而，冰的传热功能欠佳，这样就使得池塘底部的水温不能降到4摄氏度以下。由于上述各种原因，除去特别浅的水池外，池塘里的水不会全部都结成冰。

22. 动能和势能可以相互转化，当相对高度越高时，水落到低处转化的动能越多，动能越多，则速度越大。所以"江河水势汹涌、奔腾直下"的解释突出了江水的流速大。

23. 波是由振动产生的，波传播的是能量和振动形式。如果水不流动时，那么漂浮在水面的漂浮物会随着波浪在原来位置上下振动。如果水是流动的，则漂浮物除振动外，还随着水一起水平流动。即漂浮物既做上下振动，又做水平移动。随波逐流十分准确地描述了这种运动情况。

24.水往低处流是自然界中的一条客观规律，原因是水受重力影响由高处流向低处。

25.一滴水相当于一个凸透镜，根据凸透镜成像的规律，透过一滴水可以有太阳的像，小中见大。

26.因为细绳与木块，水与石头接触时受力面积极小，产生的压强极大，所以绳可以把木块锯断，水可以把石头滴透。

27.因为水具有流动性，所以水是软的；又因为分子之间存在着斥力，难以压缩，所以水是硬的。

28.包括阳光在内的光沿直线传播，由几何作图知识可知，青蛙的视野将很小。

29.玉被打磨后非常光滑，是镜面反射，反射光比较强，所以说玉不琢，不发光。

30.水在0摄氏度以下，随着时间的推移可结成厚厚的冰，而冰融化需要吸收热量，所以用手摸着感觉比水凉许多。

31.水的温度在0~4摄氏度是热缩冷胀，4摄氏度时水的密度最大，当整个水温都降到4摄氏度时，水的对流停止。气温继续下降时，上层水温降到4摄氏度以下，密度减小不再下沉，底层水温仍保持4摄氏度，上层水温降到0摄氏度并继续放热时，水面开始结冰。由于水和冰是热的不良导体，光滑明亮的冰面又能防止辐射，因此，热传递的三种方式都不易进行，冰下的水放热极为缓慢，结成厚厚的冰，当然需要很长时间的天寒。

32.下雪天，高山气温低于山下平地气温，下到高山的雪不易融化，而下到平地的雪易即时融化，所以下同样的雪，高山上比平地多。霜是地面上的水蒸气遇冷凝华的结果，山下平地表面上的水蒸气比高山上多，故平地易降霜，而高山不易形成霜。

33.在深秋的夜晚，地面附近的空气温度骤然变冷（温度低于0摄氏度以下），空气中的水蒸气凝华成小冰晶，附着在地面上形成霜，所以有"霜前冷"的感觉。雪融化时要需吸收热量，使空气的温度降低，所以我们有"雪后寒"的感觉。

34.霜是由水蒸汽直接变成固态属于凝华，又因为凝华属于放热过程所以霜后暖；大雪过后要融化从固态变成液态属于熔化过程，要从周围空气中吸热所以雪后寒。

35.我国大部分地区属于温带，处于西风带，降雨云大多由西向东运行。早晨看到西方有虹霞，表明西方有降雨云，由东方射来的阳光照射在西方天空的降雨云的水滴上，形成了虹。而西方的降雨云很快会随着西风移到本地，所以本地很快下雨。到傍晚看到东方有虹，这是西方射来的阳光照在东方天空的降雨云的水滴上形成的，这种虹的出现，说明西方已经没有雨了，天气将晴。

36.大风来临时，高空中气温迅速下降，水蒸气凝结成小水滴，这些小水滴相当于许多三棱镜，月光通过这些"三棱镜"发生色散，形成彩色的月晕，故有"月晕而风"之说。础润即地面反潮，大雨来临之前，空气湿度较大，地面温度较低，靠近地面的水汽遇冷凝聚为小水珠，另外，地面含有的盐分容易吸附潮湿的水汽，故地面反潮预示大雨将至。

37.写的是一段雨后风景，雨雾缭绕群山，雷声伴着最后的细雨，谈到了雾和雨。在晚

上，低空中的水蒸气遇冷降温液化成小水珠，停留在空中就形成了雾。当水蒸气上升到高空时，遇冷温度下降液化成小水珠，降下即为雨。

38.光的折射导致水底看上去变浅了，同理，水中的鱼也是看上去比较浅。

39.这两句诗不仅记录了"虹"这一自然现象，还揭示了产生"虹"的两个条件：光和小水珠。

40.一切物体都有惯性，即保持原有运动状态不变的性质。所以说船到江心很难停下。

41.彩虹，它是由于光的色散而形成的。

42.由于地球的半径为6 370千米，地球每转一圈，其表面上的物体"走"的路程约为40 00 3.6千米。它还科学地揭示了运动和静止关系——运动是绝对的，静止总是相对参照物而言的。

43.冰雪均为水的物态变化，冰为水温降低到0摄氏度以下凝固结成冰，而雪则为高空中的水蒸气在温度低于0摄氏度便直接凝华成小冰晶，落到地面上便是美丽的雪花。

44.这是由于大地震的震动频率小，所以音调低感觉声音沉；小地震的震动频率高，所以音调高感觉声音尖。

45.物体运动的相对性，物体是运动还是静止取决于所选的参照物。

46.可能。因为地球是一个不标准的圆球体，赤道地区要比南北两极地区向外凸出。而离地心远，引力就会变小，同样多的东西重量就会减少。同样多的物体，其在两极地区时的重量，要比在赤道地区时的重量大0.5%左右。

47.用一块磁铁，相吸的，是铁钉；不相吸的，是铝钉。

48.因为磁铁的中间几乎没有磁性，所以用中间就不会吸住铁棒。利用这点很容易分辨出磁铁和金属棒。

49.把四件衣服放在太阳下面晒一段时间，因为黑衣服吸光，所以摸起来要比白衣服热，这样就可以分出黑衣服和白衣服了。

50.黑色气球上升得快些。因为在阳光照射下，黑色气球吸热能力强，膨胀出的体积大，浮力就大，升得就快些。

51.不是。因为金属是热的良导体，木头比金属导热差，所以才感觉铁器比木器凉。

52.因为照镜子的时候，镜子的摆放是纵向的，而镜子是对称面，所以在纵向上不会颠倒，只在横向上有颠倒。试想若镜子平铺在地板上，人站在上面的话，镜中的人就是大头朝下而左右正常了。

53.最容易通过树和高墙放电。

54.
    （1）脚蹬、曲柄和链轮——省力轮轴；
    （2）螺丝——利用螺旋以紧固机件；
    （3）车铃弹簧——利用弹簧的弹性复位；
    （4）轮胎花纹——增大轮胎与地面的静摩擦；
    （5）轴的滚珠——利用滚动摩擦代替滑动摩擦；
    （6）橡皮把套——利用橡皮传热性能差，使得冬天手扶车把时不觉得冷，而夏天不觉

得热；

（7）轮胎打气——利用气体的压强与体积关系；

（8）车灯——发电机等。

55.

（1）前轮叉上装有龙头，龙头的作用是维持或改变方向。前轮叉向前弯，是为了使转动轴线通过前轮接地点，这样龙头操纵最轻。

（2）你也许会说，这是因为人的坐垫靠近后轮，后轮受的正压力大的缘故。不错，这是一个原因，但不是主要的原因。主要的原因是因为后轮是主动轮。自行车前进的推力就是靠后轮胎与地面的摩擦提供，因此后轮胎与地面是滑动摩擦，而前轮主要是滚动摩擦。

56.向后移动。物体在受到外力时，如无阻碍，一定是沿外力作用的方向运动。从细节上分析，向后拉在下面位置的踏板将使后轮转动，造成向前的摩擦力。但由于力臂的影响，在后轮与地面接触点产生的前移力比踏板处向后拉的力小得多，整个自行仍将向后移动。

57.水流出的速度取决于出水口离水面多深。两个出水口的深度一样，所以水从两个出水口流出的速度也是一样的。

58.

（1）水结成冰后，体积要增加，而浮在水上的冰所排去的水的质量正好等于冰本身的质量，是同样多的水结成的冰。所以当冰溶解变成水后，杯中的水不会溢到外面来。

（2）当铅块放在船上时，浮力等于船和铅块的总重，即有相当于船和铅块总重的水量被排开而使水位升高；将船上的铅块丢入水中后，只排开与铅块同体积的水重。由于铜块的密度比水大得多，所以池水将下降。

59.一样重。在第二个桶里，虽然水要比第一个桶里少一些，因为那块浮着的木块要排去一些水。而木块的质量就等于此木块浸在水里的部分体积所排开水的质量。因此，它们一样重。

60.由于暖瓶内的压强小于瓶外的压强，是大气压强把瓶盖紧紧压住了。

61.其实，这是海水的压强在作怪。当瓶子下沉时，深水中的高压把瓶塞压入瓶中，使瓶子装满水；瓶子提上来时，由于压力减小了，水的膨胀又把瓶塞推回原处。

62.将铁皮敲成半球，锉掉后敲平就可以得到一个圆孔。把铁皮折叠成四折，夹在老虎钳里，锉去一角，展开敲平，得到方孔。把铁皮对折，夹在老虎钳里，锉去边缘，展开敲平，得到长方形孔。

63.因为这时整个车身以后轮为支点，由于车身受到地面的阻碍，要想往前翻，是翻不过去的。

64.根据对流时温度高的空气上升，温度低的空气下降的道理，被冰镇的东西应放在冰的底下。

65.湿毛巾包冰棍容易化，是因为冰棍温度在0摄氏度以下。湿毛巾贴着冰棍，外面的热量很快会传到冰棍上,所以化得快。用干毛巾包,中间有空气,起隔热作用,所以化得慢。

66.湿毛巾包瓦罐时,由于太阳照射,水在不断地蒸发,水蒸发时,会吸走大量热。所以很快把瓦罐里水的热吸走,因此水变凉了。

67.当冰融化成水的时候,体积就会减少1/12。因为当体积为11的水结成冰时,体积会增加为12的冰,而体积为12的冰融化后会成为11的水,也就会减少1/12。

68.原来洗涤剂有个特殊性质,能把一个个油滴包围起来,均匀地分散在水中,这种作用叫"乳化作用"。在这种作用下形成的油水混合液叫"乳油液"。人们喝的牛奶、乳白色的鱼肝油都是乳油液。

69.只有白炽灯靠灯丝直接发光。

70.计算秋千摆的高度应该以重心的位置为准。如果忽略秋千板和绳索的重量,可以按人体重心位置来计算。当秋千在最低点的时候,人体是下蹲的,重心最低。离开最低点向上摆的时候,可以分为两种情况来讨论:如果荡秋千的人仍然蹲着不动,秋千的重心会达到一个高度;如果人体随着秋千向上摆动的时候慢慢站立起来,秋千的重心就会由于人的站立比上一种情况升高几十厘米(人体站立的重心比下蹲的重心高几十厘米)。秋千的重心升高了,摆到下面速度就会变得更大;上摆时再次站立提高重心,反复不断,秋千就会越荡越高。

71.不能。气球飞到一定的高度就停止了,在大气层中就像有一块无形的天花板挡住了它一样,更不能飞离地球。

　　氢气球上升的原因是,氢气比同体积的空气轻,空气的浮力使它上升。浮力的大小等于氢气球排开的空气的重量。所以空气的密度越大,浮力也就越大。气球越向上飞,空气稀薄了,浮力就减小。到了一定的高度,气球的重量正好和浮力相等的时候,气球就不再上升,好像碰到天花板一样。有的气球来不及到达"天花板"就会胀破。这是因为,高空中越来越稀薄的空气,对气球的压力越来越小,气球内部的气压较大,气球会不断地膨胀,最后把自己胀破了。

72.水结成冰以后,体积增大了十分之一左右。体积增大产生的力量足够把瓶子撑破。结冰不仅使塞着瓶口的瓶子破裂,就是敞着口的瓶子也会破裂。这是因为,瓶口的水最先结冰,这就是说,结冰过程一开始,就有一个冰塞子把瓶子堵上了。冬天严寒可以使自来水管爆裂。而爆裂的地往往不是发生在水结成冰的地方,而是另一个没有结冰的地方。当冻结在自来水管的内壁上的时候,冰不断地延伸把水压回到主水管内,水管不会爆裂。如果被冰压回去的水受到阻碍,例如遇到了水龙头,水没有地方去了,水的压力会因为冰的延伸而增大(结冰的时候体积增大),最后使这段水管在最薄的地方爆裂。

73.有的人家为了开关小窗户方便把它安在大窗户下面。这样对整个房间的通风换气却没有多大好处。这是因为,冬天室外空气比室内空气冷些、重些,它从小窗户进来以后是向下流动的,室内的空气温度比较高,这样冷空气会把室内的空气从小窗户的上部排挤出去。如果小窗户安得很低,冷热空气的交流只限于低于小窗户的室内空间,对于小窗户上部的空间，这种交流是不能进行的。所以小窗户应安在大窗户的上方。为了预防煤气中毒，风斗也要安在窗户的上部。

74.这是因为绳子本身有重量。垂直向下拉绳子，如果绳子一点也不下垂，那么拉它的力就应该是完全水平的。水平方向的拉力和垂直方向的拉力是无论如何不能相平衡的。只要绳子有一点下垂，拉力的方向就不再是水平的，而微微向上倾斜。在这种情况下，拉力和重力就能平衡。不过拉力本身的数值要比绳子受的重力大得多。不信，你试一试，不管用多么大的力都不能把绳子绷得笔直，就是把绳子拉断了也做不到。反过来，如果一个绷得十分紧的细铁丝，用手指在中心猛地一弹，铁丝就会断裂，别人还以为有什么"气功"呢？实际上是物理学规律。竖直向上的一个小小的力需要极大的拉力才能平衡，这个拉力会大到把铁丝拉断。冬季电话线因为冷缩而绷紧，这时候，电线上的一个冰坨就能把电话线压断。

75.冰箱不会产生冷气，冷藏室里的食物越来越冷的原因是由于不断地被吸热。冰箱的作用就是把从藏室里吸来的热送到冰箱后面的散热片上，通过散热片把热量散到空气里。冷藏室里的温度比室温要低好多，热量怎样从低温传到高温呢？这就要靠冰箱里的压缩机消耗一定的电能来完成。电能完成了这些热量搬运工作以后，就变成热能散失在空气中。打开冰箱门后，冰箱的作用是把热量从前面搬到后面的散热片上，这就像我们不停地把一些东西从屋子的这头搬到屋子的另一头一样。对整个屋子来说热量没有传到室外，温度不会下降。但是冰箱中的压缩机在搬运这些热量的时候，耗费了大量的电能，这些电能最后变成热量使屋子里的温度上升。

76.浮沉娃娃的原理是：手向下压橡皮膜的时候，杯内的空气被压缩了，压缩空气把一部分水压到小娃娃的肚子里，娃娃肚子里的空气体积变小，因此浮力变小，使小娃娃下沉；松开手的时候，娃娃肚子里的水量减少，空气体积变大，娃娃上浮。

77.汽水、啤酒、香槟酒中都溶解有大量的二氧化碳气体。瓶内的气压高，二氧化碳不会跑出来，打开瓶盖的时候，瓶内的气压突然减小，二氧化碳气体形成大量的气泡从瓶口冲出来，非常有趣。由于隧道低于地面几十米，大气压力较高，溶在香槟酒里的二氧化碳气体没能全部跑出来而随着酒进入人的肚子里。到达地面的时候，气压减小，二氧化碳气从酒里跑出来把客人的肚子撑圆。返回地下由于气压升高，这种现象又停止了。所以解决这个问题的最好办法是非常缓慢地走出隧道，让二氧化碳气一点一点地散发出去。

78.原来，这家主人在住宅后院放了一个并不大的凹面镜，那天天气很好，阳光照到镜子上后，正好被镜子聚焦成一道光束，反射到院中一把木椅上，到下午木椅就燃烧起来了。当时，房主人正在午睡，没及时发觉，所以镜子闯了大祸。

79.埃菲尔铁塔是钢铁结构的，由于热胀冷缩，它必然要随着温度的变化而变化。白天，由于光照的角度和强度是变化的，塔身各处的温度也是不一样的，热胀冷缩的程度因此也是不一样的，所以上午和下午不仅出现了倾斜现象，倾斜角度也不一样。夜间，铁塔各处的温度是相同的，所以就恢复了垂直状态。冬季气温下降，塔身收缩，所以就变矮了。

80.这种炮在向前发射炮弹的同时,向后喷射火药产生气体,这样后坐力就被抵消了。无后坐力炮并不是消灭了反作用力,反作用力是不能消灭的,有作用力就有反作用力。此时是新增加了一对作用力和反作用力,使两个作用在炮膛上的反作用力互相抵消了。不过这样做付出的代价也很大。每发一炮就要多消耗2/3甚至3/4的火药。尽管如此,无后坐力炮还是很受欢迎的。

81.2.5吨重的炸弹能在水面上跳跃,道理和打水漂类似。石片在水面高速运动的时候,就像飞机在空中飞行一样。石片和水面的相对速度越大,石片得到的升力越大。打水漂的时候石片应该旋转,旋转可以增加石片的稳定性以及和水面的相对速度。炸弹扔下来的时候是高速旋转的,正是这种旋转才使炸弹不会下沉。

82.这是因为乐器只能在基频、节奏上与真人的演唱保持一致,却不能在整个声波的波形上、在更丰富的音色上和演员的唱腔一致。所以无论如何只算得上是一种"模仿"而已。

83.这是由于发声的原理不同。打击瓶子的时候,声音是由于玻璃瓶和水的振动产生的;而吹瓶子的时候,声音是玻璃瓶的空气振动产生的。这就是吹奏乐器和打乐器的区别。

84.不能按照我们平常的想法,正对着烛焰。应该歪一点,让漏斗大口的一个边对准烛焰,烛焰恰好在这个边的延长线上。这样就毫不费力地把蜡烛吹灭。原因是,气流通过漏斗的细口以后并不沿着漏斗的中轴线前进,而是沿着漏斗大口的周边前进,在中心形成一个特殊的空气涡流。由于涡流,靠近中轴线的周围空间空气比较稀薄,压力比较小。周围的空气向这个区域挤过来,在轴的中间产生了空气倒流,这就是当你用漏斗的中轴线对准烛焰吹的时候,烛焰被吸过来的原因。

  当空气吹过一个平面的时候,在平面的附近就会产生涡流,形成一个压力较小的区域。海面的波浪就是这样形成的。当风吹过海面的时候,海面上面的空气形成涡旋,空气压力减低,海水就会升高;当风吹过沙漠表面的时候,就会形成像海浪一样的波形的沙面。当大风吹过屋顶的时候,屋顶的上面造成一个空气的低压区域,屋内的气压较高,向上一压就会把不结实的屋顶掀起来。

85.啄木鸟啄木是因为树中有啄木鸟喜欢吃的食物,而且啄木鸟可以轻易啄食树木中的害虫,完全归功于它的利嘴与爪子。啄木鸟有着又长又尖,而且舌尖有钩的钢锥形利嘴,靠听觉侦测出蛀虫、幼虫的咬噬声。而它一旦听到树木中有动静,就会敲击木头啄出树洞,然后把蛀虫从树洞里面钩出来。因为啄木鸟最爱吃树木中所藏的那些又肥又大的金龟子、天牛、蛀虫等幼虫,而这些害虫会严重伤害果树,所以啄木鸟又被称为"树木医生"。

86.鸭子的脚上有蹼,可以帮助鸭子掌握平衡,不至于摔倒,而且鸭子的羽毛外表有一层防水膜,这样羽毛就不会被浸水,因此空气就存留在羽毛中,这样就使得鸭子可以浮在水面上不掉进水中。

87.如果把油和水混合在一起,无论你怎样搅拌,油最终也浮在水面。鸭子从身体里分泌出大量油脂覆盖在羽毛上,它就是靠油的这样特性来保护自己的。而鸡的羽毛上没有油脂,所以也就经不起雨淋了!

88. 凡是太靠近蜜蜂窝的不管是动物或者是人，只要蜜蜂感觉受到了威胁，它们就会用自己的刺去蜇对方。所以观看蜜蜂采蜜的时候，人不能离蜜蜂太近以免被蜇到。因为在蜜蜂看来，它们对付敌人的最好办法就是先发起攻击，直到把敌人赶跑为止。因此，当蜜蜂觉得自己平静的生活受到了威胁的时候，就会把肚子下面充满毒液的刺针狠狠地刺向敌人，而当针刺进人或者动物的皮肤的时候，毒液就会通过管道流入人或者动物的身体。但是蜜蜂很少单独行动，一般对于侵入地盘的敌人，它们会利用群体的力量来攻打敌人。

89. 来蜻蜓点水是为了繁衍后代。虽然蜻蜓是生活在陆地上的昆虫，整日地飞在空中，但是它们的幼虫却都生活在水中，所以为了繁衍更多的后代，蜻蜓必须选择在有水的地方产卵，这样受精卵才会在水中孵化。于是蜻蜓就会使用自己的尾巴点水的方法来把受精卵排到水中，而那些卵到了水中就会附着在水草上，过不久便会孵出幼虫，当幼虫在水中生活了一段时间之后，就会沿着水生植物的枝条爬出水面，从而变成了飞翔的蜻蜓。

90. 因为快下雨时，天气比较闷热，这时天空中的一些小飞虫都飞得很低，燕子为了追着捕食这些小飞虫，也只能飞得很低。而且天快要下雨的时候，空气中的气流动荡不定，而燕子就会受到气流的影响，变得上上下下、忽高忽低地飞行。所以人们看到燕子低飞的时候，就知道天快要下雨了。

91. 来鸡之所以吃沙子，是因为它没有牙齿，而吃进肚子里面的食物也就不能经过牙齿的磨碎而直接进入体内，很难被消化。那么，这个时候鸡吃进去的沙子就会帮助磨碎食物，使得磨碎后的食物更容易被鸡消化和吸收，所以鸡要不断地吞食沙子来帮助它自己消化食物。

92. 在夏天，狗伸着舌头并不是要咬人而是为了出汗。许多动物就和人一样会出汗，特别是在大热天，因为出汗能降低体温。但是，狗身上的皮肤并不会出汗，而狗的汗腺在它的舌头上，所以狗是靠舌头来出汗和排汗的，因此它们常常把舌头伸出来，让身体里多余的热量从舌头上散发掉。所以狗在夏天伸着舌头很正常，并不是要咬人的样子，只是为了它们自己的身体需要才会张大嘴巴把舌头露出来的。

93. 骆驼的驼峰并不是用来存储水的，而是含有大量的脂肪。骆驼就是靠这些脂肪才能长时间地不吃不喝，维持它自己的生命。而当骆驼吃饱喝足以后，它的驼峰就会变得鼓鼓的，就像装满食品的旅行袋，骆驼只要背着它就能轻装上阵，在沙漠中自由行走。

94. 记账员被逼到门前时，背着门站立，他此时把拿笔的右手绕到背后，在门板上记下凶手姓名的头两个字。手放在背后写的字上下左右都会反过来，NW就变成MN了。

95. F。其余4个字母都具有对称性，或上下对称，或左右对称。

96. E。因为其他3个字母都是由3条直线构成的。

97. T。字母D的曲线数目以及直线数目和字母P一样，而T和L一样。

98. 这列数字是按英文数列1~9的头一个字母排列的，则下一个是N，即Nine。

99. 10和4。在字母A与代号中的字母之间的那个字母所代表的数字，即是要求的数字。

100.（1）heart；（2）brain；（3）liver；（4）stomack；（5）lungs

101.

ring	finger
scarf	neck
hat	head
glove	hand
belt	waist
socks	feet

102.

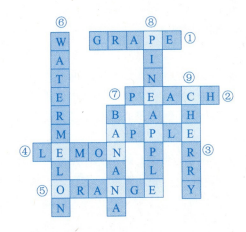

103.

8	5	12	12	15		14	9	3	5
H	E	L	L	O		N	I	C	E

20	15		13	5	5	20		25	15	21
T	O		M	E	E	T		Y	O	U

104. 卡特声称他和佩斯在海上断水达3天,他是为了阻止佩斯狂饮海水而失手将他击毙。但是哈金成知道,如果他们真的断水3天,卡特体内一定严重脱水,哪里还有汗可擦!

105. 汽油燃烧后的产物是有毒气体一氧化碳。由于小李在汽车静止的情况下,使门窗紧闭,发动机排出的一氧化碳在车内越积越多,死神也随之悄悄地降临到了他和女友的头上了。

106. 维尔斯见狗抬腿小便,就知那男人在撒谎。因为这是个雄性狗,而那男人却唤其为"玛丽"——一个十足女性化的名字,至于狗对那男人为何友善,那是因为他曾拿肉贿赂过它。

107. 狗不叫就是证据。如果真的有强盗潜入,受过严格训练的狼狗就会大声吼叫。然而,西边邻居家老头只听到了汽车的声音,这说明凶手是狼狗熟悉的人,也就是狗的主人清水。

108. 日期的写法不对。科伦坡刑警看了遗书上的日期便起了疑心。假如真是英国人写的,那么2000年3月15日就应该写成"15.3.2000"。英国人首先要写表示日的数字,然后才写月的数字。然而,美国式的写法正好相反,是月字在前,日在后,即

"3.15.2000"。如果将3月15日用斜线隔开时,英国式是"15/3",美国式则写成"3/15"。

109.芝加哥与纽约时差是一个小时。东西海岸相距甚远的美国,虽是同一国家但却有4个标准时间。即东部、中部、山岳地带及西部标准时间。芝加哥与纽约有一个小时的时差。福尔侦探看了西夫的手表,发现比纽约时间(东部标准时间)慢一个小时,便知道了他去过芝加哥(中部标准时间)。西夫从芝加哥驱车,进入东部标准时间带后,忽略了手表慢了一个小时。

第7章　实践思维

1. 你手中的这支土豆枪,是一支名副其实的"气枪"。当你把土豆推向管里时,管里的空气被压缩,压缩空气就从另一端冲出去,把堵在管口的土豆高速顶出去了。注意!用木棍推时要小心,要敏捷。只要你瞄得准,你一定能射中靶心。有了"气枪",几个小朋友就可以在一起玩射击游戏了,但要注意安全。

2. 其实在试验中隆起的高低不一的泥土硬块就相当于地球上的山脉,用小刀划开的硬块又相当于地球的板块,而用手来挤压花盆两侧就会使得硬块隆起。实际上,地球的表面也是由很多的板块构成的,这些板块并不是静止的,而是在一直缓慢地移动,如果板块和板块之间相互挤压的话,就会出现高大的山脉。

3. 因为这样制作的薯片筒底部有很多的小窟窿,如果在黑暗的房间里面打开薯片筒里面的手电筒,手电筒的光就会穿过那些小窟窿而射到房间里面,这样我们看到的黑暗房间里面就会出现星光点点的痕迹,让人感觉就是星星一样。

4. 实际上,行星的光环也是由许多的灰尘和冰块颗粒组成的,这些颗粒有着锯齿形的表面,能够反射光,所以使得行星的光环看上去显得明亮而多彩!

5. 原理很简单,因为用食盐水浸泡过的纸花,很容易吸收水分,如果是阴天的话,因为气压比较低,空气的湿度比较大,纸花会吸收水分会变得暗一些,而如果是晴天的话,纸花颜色会变得淡一些。

6. 纸袋之所以会发出爆炸声,是因为当空气在外力的作用下震动起来的时候就会发出声响。其实生活中的闪电是出现在天空中的巨大的电火花,是由气流在雷雨云中剧烈的运动而引起的。当天空中出现闪电的时候,闪电周围的空气就会受热而膨胀,发出爆炸声。而闪电下方的地面上的人听到云层中发出的噼啪声,这就是轰隆隆的雷声了。

7. 在自然界中,当含有很多水蒸气的热空气上升到一定位置的时候,就会在空气中渐渐冷却,而冷却之后的水蒸气就会凝结成很多的小水珠,这就是我们经常看到的云。而如果这些云中的水滴越来越多的时候,就会越来越重,最后当云朵无法承受的时候,它就变成雨滴掉落下来。

8. 其实在试验中玻璃杯盛放的柠檬汁就好比是酸雨形成的成分,粉笔被那些成分腐蚀之后就会变模糊和弯曲,而在生活中的酸雨是空气被严重污染而含有较多二氧化硫和氮氧化物时,生活中的汽油和柴油都有含硫化合物,燃烧时排放出二氧化硫,金属硫化物矿在冶炼过程也要释放出大量二氧化硫。这些有害物质是经大气化学和大气物理的复杂过程而形成的。

9. 其实这是因为玻璃杯外面的水蒸气遇到了0摄氏度以下的瓶子而形成的。在寒冷的季节里面，空气中的水蒸气遇到地面上0摄氏度以下的物体，就会直接在上面结成冰晶，况且这就是霜的形成过程。

10. 原来桌子上下和左右摇晃就和地震时情景一样，因为地震的时候分为左右摇晃和上下摇晃，一般而言，上下移动的地震波称为横波，左右移动的地震波称为纵波，横波的破坏力大一些，而纵波的破坏力小一些，这样就能明白原因了。

11. 在这个游戏中，玻璃球投掷得越远，速度就越快，而且细沙表面的坑就越深！这样聪聪经过亲身的体会明白了问题的答案！

12. 其实大盆里面的水被勺子搅动的时候，就好似海水涌动一般，而小碗里面的水也因为大盆里面水的作用而旋转出碗外。其实海水中的潮汐就是同样的道理，而且随着地球的转动和月亮的影响，海水离开旋转中心的倾向，而使得浪潮向前汹涌。这样海水就在地球和月球两个力的共同作用之下形成了引潮力。

13. 他们在附近寻找了一块直径约1米的透明大冰块，用斧头、小刀把冰块修凿磨光成一面凸透镜的形状，然后把这块凸透镜朝着太阳支起来，让阳光经过透镜聚成一点，在这一点处放些易燃物，一会儿，易燃物就燃烧起来了。

14. 其实天上飘浮的白云，有的就是由水蒸气的凝聚而成的，而有的就是由浮动着的冰粒或者冰的结晶物而组成的。海洋、湖面、植物表面、土壤里的水分，每时每刻都在蒸发，变成水汽，进入大气层。含有水汽的湿空气，由于某种原因向上升起。在上升过程中，由于周围空气越来越稀薄，气压越来越低，上升空气体积就要膨胀。膨胀的时候要耗去自身的热量，因此，上升空气的温度要降低。温度降低了，容纳水汽的本领越来越小，饱和水汽压减小，上升空气里的水汽很快达到饱和状态，温度再降低，多余的水汽就附在空气里悬浮的凝结核上，成为小水滴。如果温度比0摄氏度低，多余的水汽就凝华成为冰晶或过冷却水滴。它们集中在一起，受上升气流的支托，飘浮在空中，成为我们能见到的云。

15. 根据平面镜成像规律，平面镜所成的像大小相等，物像对称，因此猪八戒看到的像和自己"一模一样"，仍然是个猪像，自然就"里外不是人了"。

16. 光的直线传播。"立竿见影"就是因为杆挡住了光的继续前进才使一部分光照不到地面上，形成黑暗的影子。如果光不是直线传播，它就会绕过杆前进，就无法在地面上留下黑暗的区域，也就无法形成影子。

17. 力是物体与物体之间的作用，力的作用是相互的。只有一个物体不能产生力，一个巴掌也就拍不响了。

18. 平静的水面如一块平面镜，可看到天的像，石块投入水中破坏了平静的水面，形成层层水波，水中天的像也就被击破了。

19. 有月亮的夜晚可在天上看到一个月亮，在水中也能看到一个"月亮"。水面相当于平面镜，根据平面镜成像的特点可知，水中的"月亮"实际上是月亮在水中的虚像，当然是不可能捞到的。

20.人在崇山峻岭中长啸一声，声音通过多次反射，可以形成洪亮的回音，经久不息，似乎山在狂呼，谷在回音。

21.火场附近的空气受热膨胀上升，远处的冷空气必将来填充，冷热空气的流动形成风。

22.这其实是水流把船自动冲为直的了。横着的情况几乎不存在。原理是：船横着的时候受到水的大面积力量的冲击就发生了偏转，形成保持直向的受力稳定形状了。这和风向标的原理是一样的。

23.水面上的波纹是以同样的速度向四周扩展开来的。因此，在经过一定的时间之后，那些扩展开来的波纹就变成了圆形。当然，如果水面上落下来的物体形状是方形的话，那么，水面上波纹的最初的形状也是方形的。可是，当波纹一扩展开来，最初的形状就开始变了，最后总成为圆形。

24.河流一般是从山地发源的。那里地势陡峭，水流得非常快。在急流的冲击下，山上的很多大石头纷纷滚落下来。这些石头都是有棱有角的。在从山上向下滚落的过程中，它们不断地互相碰撞，大块的石头碎裂成小块。河流的中游，地势虽然没有上游那么陡，可是很多河流汇集到一起，水量很大，水流仍然比较急，很多石头继续被水冲向下游。这些石头在随着水的流动，不但互相之间经常碰撞，而且与河床不断摩擦。在漫长的旅途中，石头的棱角不断被摩掉。到了下游，地势平坦，水流缓慢，这些石头沉积下来，就成了我们看到的光滑的鹅卵石了。

25.只要在一个盛满水的盆中将装满水的杯子倒过来即可。

26.由于温度低的水比重大，所以融化的冰水会立即沉入杯底。冰块如果浮在上面，则处在温度较高水的包围中，融化起来较快；相反，冰块如压入杯底，受融化的冰水包围，融化起来就比较慢。

27.湿衣服水分蒸发时要吸收周围热量，湿衣服温度要降低，当降至0摄氏度时就结冰了。

28.首先要弄懂冻柿子的温度不是0摄氏度，柿内含很多糖分，结冰点比零度低得多。冬季室内冷水温度在10摄氏度左右，用它化冻很合适。如果放入开水中，温差太大，柿子表面烫软了，里边还是冻心，而且烫过的柿子涩味回升，甜味大减。

29.李明购买眼镜架时，还是戴隐形眼镜比较好，既能看得清，又不影响试戴镜架。

30.只要把盖着瓶塞的药瓶倒转过来，再看看刻度便一目了然。

31.用手把毯子卷起一些，手能够着就行了。

32.当水位上升4英尺时，船和绳梯都将随着上升，所以，不会有水漫出梯级的。

33. A。因为B装到一半时便会倾倒。

34.把盒子倾斜，使水面刚好到达边缘，看底下边缘在水面上或下。

35.先用电笔分清一对电线的火线，再从火线上接插座就行。

36.首先，用筛子把黄豆筛出来（分离黄豆）；第二，用磁铁吸附铁屑（分离铁屑）；第三，把混合物倒进水里，把浮在水上的木屑分离出来（分离木屑）；第四，把水倒进一个敞口容器，留下底下的细沙（分离细沙）；最后，把容器里的水放到太阳下晒干或加热，把溶化在水里的盐重新分离出来（分离盐）。

37.先开第一个,一会儿以后,再开第二个。马上去有灯的房间。不亮的是第三个开关控制的;两个亮的,烫手的是第一个开关控制的;不烫手的是刚亮的,是第二个开关控制的。

38.苍蝇的身上原来长有许多细毛,在苍蝇停留的瞬间,这些细毛既能"品尝"佳肴的美味,又能感应到周围环境温度、湿度和气流的变化。当用无孔的苍蝇拍拍打苍蝇时,拍子在空中运动过程中,会带动周围的空气形成一股气流,苍蝇通过身上的细毛觉察到这一变化后,便很快地飞跑了。

　　如果用有孔的苍蝇拍拍打,情况就不同了。拍子在空中运动时,下方的空气可以从小孔中透过去,不会产生强大的气流,于是苍蝇不易发现危险的降临,我们就可以很容易地打死它了。

39.圆形的盖子绝对不会掉进下水道。如果是正方形或三角形,在盖盖子或开盖子时都会有掉进下水道的可能。(如下图)许多我们平时看惯了的形状,实际上都隐藏着非常重要的意义和法则。例如,铅笔做成六角形,是为了防止在桌面上滚动。用敏锐的眼光去透视这些形状的意义,就能在日常生活中获得很多的智慧。

40.先把啤酒瓶底的直径测量出来,这样就可以计算出瓶底的面积。再在瓶中注入约一半的水,测出水的高度,做好记录;盖好瓶口后,把瓶子倒过来测量出瓶底到水面的高度,做记录。将两个做好的记录相加再乘以瓶底的面积便可知啤酒瓶的容积了。

41.能做到。 具体如下:用一柄小刀插进这种金属环,然后一边向前切下去,一边绕某方向转动刀子。这样一直切到原来的位置,使刀子正好旋转一周转回原方向,双环套就做成了。

42.测水泥砖硬度的办法有两个:(1)让小铁球从相同高度自由下落,检查铁球落在每块水泥砖上的深度,深度浅的硬度大。(2)让水泥砖成45度角安放,小铁球从相同高度下落,看铁球滚动多远,硬度大,小铁球滚得远些。

43.胶合板采用单数层的目的是为了使胶合板有一个中间核心层,一方面使两面的薄板受到核心层的牵制,另一方面使中间层也受到外层的制约。因此总是按木板纹理一块横、一块纵交错重叠胶合起来的,使薄板相互牵制,不易翘曲或折断。如果采用双层数,虽然是一横一直的排置,可是最外两层薄板纹理不一致,就会出来一面的木板朝里收缩,另一面的木板朝横收缩,结果胶合板两面的大小就不同了;而且,由于外面两层木板的纹理方向不同,对中间层的制约作用也会失去,因此胶合板都是单数层的。

44.能成功。即使冰块融化,水也不会溢出。但是,冰块融化时,杯子的外壁会凝结上一层水珠,这种水便会成功地产生毒气。这里也有一个大陷阱。大家都懂得这样一个原理:冰变成水的时候,体积要减少,所以,水里浮着的冰融化后,水也不会溢出来。

然而就此下结论还为时过早，再变换个角度想一想，就能避免掉进陷阱。

45.其实这是物体的惯性在起作用。物理学告诉我们：一切物体在没有受到外力作用时，总是保持匀速直线运动状态或静止状态。物体的这种性质就叫作惯性。也就是说，在没有外力干预的情况下，运动起来的物体有保持运动的特性；同样，静止的物体则有保持静止的特性。

　　生活中最常见的物体惯性的例子，坐在汽车上的乘客最能体会了：正在前进的汽车突然停下来，乘客就纷纷向前倾倒，这是因为汽车已经停止，而乘客由于惯性要保持原来速度前进的运动状态。停在车站上的汽车突然启动的时候，乘客们又一个个身不由己地向后倾倒，这是因为汽车已经开始前进，而乘客由于惯性要保持静止状态。

46.妮薇先抓住绕在自己手上的绳子的中间部分，然后将绳子穿过诺曼右手腕A的绳圈，穿越的方向是从手腕的内部顺着手肘的方向到手掌端，随后将绳子回绕过手掌而伸出到手的外侧。此时妮薇就可和诺曼分开了，在场的人也会惊讶不已。

　　他们的手腕仍然绑着，可是两人已经没有被绑在一起了。要注意的是，如果没有完全依照文中的指示，将会使两条绳子纠缠得更严重。

47.当把燃烧着的火柴拿到杯子上方时，火柴马上就灭了，这是因为汽水里含有加压的二氧化碳气体。汽水瓶打开后冒出大量气泡，倒入杯中后，杯口上方聚积了大量二氧化碳气体而缺少氧气。而火是燃料在高温时和氧结合而急剧地放出热能和光能的结合现象，只有靠氧气，火柴才能燃烧，而二氧化碳是不助燃的，所以火柴自然就熄灭了。